课程育人新坐标丛书　　高峰　杨四耕　丛书主编

教室里的课程

王华月 等◎著

华东师范大学出版社
·上海·

图书在版编目(CIP)数据

教室里的课程/王华月等著.—上海:华东师范大学出版社,2023
(课程育人新坐标丛书)
ISBN 978-7-5760-3843-9

Ⅰ.①教… Ⅱ.①王… Ⅲ.①课程-教学研究-小学 Ⅳ.①G622.3

中国国家版本馆 CIP 数据核字(2023)第 079003 号

课程育人新坐标丛书
教室里的课程

丛书主编	高　峰　杨四耕
著　　者	王华月　等
责任编辑	刘　佳
项目编辑	林青荻
特约审读	沈　奕
责任校对	邱红穗　时东明
装帧设计	卢晓红
出版发行	华东师范大学出版社
社　　址	上海市中山北路 3663 号　邮编 200062
网　　址	www.ecnupress.com.cn
电　　话	021-60821666　行政传真 021-62572105
客服电话	021-62865537　门市(邮购)电话 021-62869887
地　　址	上海市中山北路 3663 号华东师范大学校内先锋路口
网　　店	http://hdsdcbs.tmall.com
印　刷　者	浙江临安曙光印务有限公司
开　　本	787 毫米×1092 毫米　1/16
印　　张	11.5
字　　数	112 千字
版　　次	2023 年 6 月第 1 版
印　　次	2023 年 7 月第 2 次
书　　号	ISBN 978-7-5760-3843-9
定　　价	38.00 元

出版人　王　焰

(如发现本版图书有印订质量问题,请寄回本社客服中心调换或电话 021-62865537 联系)

丛书编委会

主 编 高 峰 杨四耕

副主编 刘喜红

成 员
高 峰 杨四耕 张 哲 刘喜红 徐建梅
姚耐孔 康朝霞 王志宏 刘 青 郭 涛
巴 川 张进亭 李建伟 王华月 关延杭

本书参著人员（以姓氏笔画为序）

王华月 王江琳 王晓珂 闫平玉 关延杭
许蒙蒙 李建伟 汪 菁 张 娴 张文静
张进亭 张喜兵 虎 鹏 郑丽娟 胡 燕
郭良杰 谢艳萍 魏彩红

丛书总序

课程是生成性过程,课程变革需要激活包括教师和学生在内的课程实践过程,回归课程的生成性品格。课程的生成性品格客观上要求我们关注课程管理的生成性过程,彰显课程管理的过程性、境遇性、关系性和创造性。课程育人是不断生成的过程,它聚于目标、起于问题、成于制度、归于文化。

美国管理学大师彼得·德鲁克在《管理的实践》一书中指出:我们并不是有了工作才有目标,而是相反,有了目标才能确定每个人的工作。[1]他提醒我们:组织一定要当心"活动陷阱",不能只顾拉车不抬头看路,最终忘了自己的目标。泰勒指出:课程研制必须关注确定基本目标、选择学习经验、组织学习经验和评价学习结果等连续循环的过程。[2] 按照怀特海的观点:过程是终极范畴,现实存在的"存在"是由其"生成"所构成的。[3] 因此,目标是生成的,具有过程属性。我们必须用生成性过程观看待泰勒的课程研制原理,深刻理解"目标——内容——经验——评价"这个"合生"过程,而不是原子化地将它们作机械割裂的理解。事实也应该如此,过程是有目标的过程,课程开发不是漫无目的的"撒野",育人目标是内生于课程之中的,课程是基于育人目标导引的连续生成过程。

在课程变革过程中,学校课程管理要按照全面发展的要求,确立育人目标,基于此目标建构课程,推进立德树人根本任务的实现。可现实情况是,我们很多学

---

[1] 邱国栋,王涛. 重新审视德鲁克的目标管理——一个后现代视角[J]. 学术月刊,2013,45(10):20—28.
[2] (美)拉尔夫·泰勒. 课程与教学的基本原理[M]. 施良方,译. 北京:人民教育出版社,1994:2.
[3] (英)怀特海. 过程与实在:宇宙论研究(修订版)[M]. 杨富斌,译. 北京:中国人民大学出版社,2013:29.

校"有课程内容,无育人目标;有育人目标,无课程目标;有课程目标,无目标管理",由此造成了"课程离心化"倾向。在这些学校,课程不是为了育人,而是为了育分;不是为了育完整的人,而是为了育单向度的人。当然,这在本质上也取消了目标——人因此悄悄地消失了。

课程的价值实现要以人的发展为旨归,基于过程哲学的目标管理是在学校内部建立"过程——目标"合生体系,进而把所有人有机联系起来,使集体力量得以最佳发挥。学校课程变革应基于理性精神之诉求,按照过程哲学指引下的目标管理要求,围绕育人目标的实现来推进课程育人过程。首先,确定学校育人目标。育人目标的确立必须依据全面发展的要求,结合学校课程理念,清晰地刻画育人图像。清晰刻画育人图像应符合全面发展的意涵与要求,五育融合,切合实际,与学生的心理年龄和发展阶段相适应,表述应通俗易懂、生动形象。其次,厘定学校课程目标。学校课程目标是育人目标的年段要求和具体表现,它可以对照国家课程方案的总体要求,并与学校的特定实际有机结合。最后,建构学校课程体系。基于课程目标,建构学校课程体系:横向上,要求对学校课程进行逻辑梳理与分类,搭建学校课程框架;纵向上,要求按照年级与学期时间序列匹配课程,形成支持目标实现的课程设置。可以说,学校课程体系的建构是目标导引的理性精神照耀学校课程变革的过程,体现了育人目标同课程目标的完美结合,展现了把课程作为"跑道"和作为"奔跑"过程的有机结合。因为,"从关系和时间视域看,过程标志着现实存在之间的本质联系,标志着现实发生从过去经过现在流向未来"[1]。

由此观之,课程育人是充满人文情怀的目标驱动过程。学校应倡导团队成员通过他们自己的语言以及社会互动来形成并宣传有关育人目标和课程目标的独特界定,用这样的独特界定来驱动学校课程管理,进而确证育人目标在课程内容的丰富和课程实施的活性上得到落实。如此,在课程建设过程中,目标管理可以使组织成员对自己的"育人身份"产生特殊的认同感,而这种认同感可以由他的专业眼光来定位,并在课程开发中形成育人的敏感性、共识性和自觉性。

不同的时代,有不同的育人主题;不同的学校,有不同的育人取向。此时代的

---

[1] 杨富斌,等.怀特海过程哲学研究[M].北京:中国人民大学出版社,2018:253.

课程育人表现出有别于其他时代的鲜明特征,具有人本化育人、系统化育人和特色化育人等特点。学校课程深度变革必须回归教育初心,落实立德树人根本任务。对中小学来说,课程改革必须全面理解课程改革的国家意志、提升课程自觉,创造性地提出课程育人的新理念、新思路和新方法,为学校课程治理现代化贡献力量。

"课程育人新坐标丛书"是郑州市管城回族自治区推进"品质课程"项目的成果。全区20所学校围绕课程品质提升,在学校课程变革方面积极探索,取得了可喜的成效。他们的实践证明:课程育人是一种理念,必须推进学校教育哲学的同步变革;课程育人是一种机制,必须重构学校课程系统的结构和功能;课程育人是一种行动,必须在文化建设、课程设计、路径激活和管理更新上下功夫。课程育人是回归教育初心的行动路径和实践方略,是课程的工具属性与价值属性的统一,是内容增值和路径创新的统一。

杨四耕

2023年2月11日于上海市教育科学研究院

目录

总　论　｜　**教室的课程意蕴**　/ 1

第一章　｜　**教室是儿童释放天性的地方**　/ 5

教室是充满爱和故事的地方，教室是习惯养成和人格培养的地方，教室是促使儿童发展自己内在生活的地方。在教室里，能看到儿童天真烂漫的笑脸；在教室里，能捕捉儿童的真性情。每个儿童都是独立的、独特的个体，都有天马行空的梦想。教室作为儿童学习发展的空间，我们要顺应天性，遵循儿童发展规律，让儿童的天性得以释放。

第一节　多彩运动迸发青春活力　/ 7
第二节　多维目标打造健康体魄　/ 9
第三节　缤纷课程编织多彩童年　/ 12
第四节　多元评价共筑悦动少年　/ 15

第二章　｜　**教室是唤醒生命灵性的舞台**　/ 25

教室是教师与儿童双向互动的空间，二者的相互协作促进课程的创造生成。教师应在教室里注重开发儿童的思维，唤醒儿童生命的灵动，让教室成为一个释放儿童天性的场所，成为一个儿童展示自我的舞台。在教室里，只有儿童动起来，课堂才能生成，因此，教师应注重创设和开发的语境，唤起儿童对知识的渴望，注重儿童的生命体验，激发生命共舞，用生命呵护学生，关注儿童生命生长。师生之间相互协作，令课堂充满灵动。

第一节　互动体验感受儿童灵动　/ 27

第二节　创设情境领略儿童灵性　/ 30

第三节　阅读拓展激发儿童生长　/ 40

第四节　应用实践回归儿童天性　/ 43

第三章 | **教室是激发思维和想象的空间**　/ 51

　　教室是一个充满智慧和想象的立体空间。教室的学习场景需要释放学生的想象力,需要赋予儿童自由配置空间的权利,从空间角度让儿童角色翻转,主动思考解决问题,通过排列组合、小组合作、头脑风暴、自由学习等教学场景拓宽儿童思维。教室的学习场景应遵循儿童成长规律,尊重儿童认知水平,在活动中激发儿童的想象力,使之绽放思维的精彩。

第一节　积极探索发现思维核心　/ 53

第二节　创新共生体验数学之美　/ 56

第三节　实践操作凸显数学素养　/ 69

第四节　多元评价践行思维之美　/ 72

第四章 | **教室是酝酿美学情愫的所在**　/ 85

　　教室是孕育美、呈现美、凝结美的土壤。每个儿童对美都抱有追求的态度,每个儿童对美都拥有释放的权利,每个儿童对美都持有创造的能力。儿童在教室里通过与教师的双向互动积累视觉、触觉和其他感官经验,发展感知能力、形象思维能力、表达和交流能力;儿童在教室里运用传统媒介或新媒体创造作品,发展想象力、实践能力和创造能力;儿童在教室里学会尊重和欣赏不同时代文化的美术作品,关注生活中的美术现象,涵养人文精神;儿童在教室里自由抒发情感,表现个性和创意,增强自信心,养成健康人格。

第一节　构建哲学唤醒内驱力量　/ 87
第二节　洞察艺趣心境品美历情　/ 90
第三节　描绘美好滋养健康成长　/ 95
第四节　培育核心素养智绘评价　/ 98

第五章　教室是情境创设的剧场　/ 107

教室是儿童学习生活的重要场所，儿童一天中多半的时间是在教室里度过的。教师在教室中利用一些道具、手段创设出不同的课堂情境，让课堂变成一个个妙趣横生的小剧场，给儿童带来新的体验和感受。在教室营造的剧场中，学生就是小演员，小演员在精彩梦幻的剧场里放飞梦想。和谐美妙的情境剧场让儿童感受到了生活的多姿多彩，给儿童送去了心灵的享受。儿童在教室中加深对美的认知，生命审美、艺术审美和价值观审美在教室中得以提升。

第一节　借助美妙旋律丰盈儿童灵魂　/ 109
第二节　打造多维目标领略音乐魅力　/ 111
第三节　编织多彩蓝图充盈童年时光　/ 120
第四节　造就品质课堂提升儿童趣味　/ 123

第六章　教室是转化课程性质的场域　/ 141

每个儿童都有属于自己的思维天地，教室就是那片澄澈明朗的天空，儿童在这片净土下肆意生长，不断制造出新的事物，不断迸发出新的想象，不断呈现出新的思想，与教师实现良好互动。这种动态生成的过程，促使更易于学生理解的课程被开发和构建。在该过程中，我们在探索本真中重视直接经验的获得，在追求新知中扩充经验和智慧的释放，进而促使教室转化为具有强大吸引力的趣味活动场域，成为表现儿童个性和创造能力的教室。

第一节　触摸艺术遇见本真底色　/ 143
第二节　直抵心灵探求浑然天成　/ 146
第三节　珍视思维迸发奇妙想象　/ 151
第四节　评价多元诠释成长自信　/ 155

后记　/ 167

总论

教室的课程意蕴

随着现代社会的不断发展,"教室"已经成为学校固定的教学空间的主要构成部分,在当代社会,通过对教室的考察分析,有助于揭示教室对课程建设的重要作用与影响。

教室通常由一间前面是讲台和黑板,后面是座位的大房间构成,现代化教室里面还配备有多媒体等先进的教学设备,方便教学活动的顺利开展。相应地,教室空间首先表现为物理空间,它是建筑所形成的空间,是"自然科学系统中运用物理学、几何学语言所描述的空间"[①]。但是,教室中教学物件不是被杂乱无章地搁置,而是随着师生进入其中,它们开始被秩序化地摆放,体现特定的社会关系,表征课堂教学的社会学属性。从这个方面讲,教室空间又是一种社会空间,它主要显现为人与空间、空间中的人与人、人与物、物与物之间的关系。[②] 换句话说,教室一方面为教师和儿童提供了开展教学活动的空间;另一方面,教师与儿童在教室里实现了互动与交往。其实,当我们在讨论教室的时候,我们不能把它单独看作是一个物理空间或者社会空间,因为二者是相互依存的,不能分离开来。正如在海德格尔看来,世界的存在并不是这里有人,那里有空间,而是在说到人时,就已经包含着人所居住生活的那个空间,说到居住时,就表明了那是有人生存印迹的空间。这种空间并非现成的外在框架,而是在人的活动中、随着人的活动而呈现

[①] 童强. 空间哲学[M]. 北京:北京大学出版社,2011:94.
[②] 熊和平,王硕. 教室空间的建构及其对课堂教学改革的启示[J]. 教育发展研究,2017(15—16):25—30.

出来的特征。① 这就像我们提到教室时,其实是包含教室中的教师与儿童的;而当我们提到教师与儿童时,其实是包含教师与儿童互动的场所。

一、教室是儿童的学习空间,是师生课程的创生地

让教室充满儿童气息,是课程创生的必然要求。教室是开展教学活动的空间,在该空间,教师与儿童实现双向互动。与此同时,课程创生是教师与儿童联合参与创造的过程,儿童为教师提供重要的灵感来源,因此,我们需要激发儿童参与课程创生的意识和能力。在我们看来,让教室充满儿童气息,鼓励儿童本真性地释放与表达,让每个儿童在教室中都能真正"做自己",增强儿童对教室的认同感与归属感,是课程创生不容忽视的问题。在这样的教室中,教师不再是自上而下向儿童传输"事实材料"的角色,而是观察者、聆听者和引导者的角色,教师用欣赏、尊重、鼓励的眼光去挖掘儿童的潜力,唤醒儿童灵动的生命意识与思维品质,关注儿童但不改变儿童,引导儿童但不打压儿童。

在这样的教室中,课程不再是提前设置好的一成不变的固定事物,而是一种动态的存在。这种动态感,促使教师和学生的主人翁意识增强,激发他们内心的原始感受和当下的最新体验。教师和儿童的思维都不再得到固化,二者成为双向的受益者,教师能够在充满儿童气息的教室里发现儿童的兴趣和需要,进而根据实际情况为课程的创造性开发和实施注入新的活力,儿童则能从创生的课程中受益。

二、教室是儿童的赋能空间,是课程创生的实践智慧

课程创生离不开大胆的想象,因此,让教室充满想象的色彩,能够为儿童的成长赋能,同时能够为课程创生提供新的创意。爱因斯坦曾说:"想象力比知识更重要,因为知识是有限的,而想象力概括着世界的一切。"儿童天马行空的想象不仅为探索和实践提供了方向,同时也能给予教师课程创生的实践智慧。为激发儿童

---

① 张涛.教学空间研究[D].南京师范大学,2021.

想象,我们充分利用教室先进的现代信息技术和丰富的教学素材,把儿童带到更广阔的世界中去。一方面,教室里的多媒体等设备可以将儿童未见过的事物或者未了解的信息呈现在儿童面前,更直观地开阔儿童的视野;另一方面,教室里丰富的教学素材和教师新颖的教学手段也为儿童的想象插上了翅膀。也就是说,我们把教室物理空间和社会空间的属性作为一个整体,让他们共同作用于儿童,增强儿童想象力,激发儿童思维。儿童的创造力与想象力给予教师新的启发,教师在实践中进行课程的创生与实践,反过来又作用于儿童,进而实现师生共同发展。

三、教室是儿童的审美建构空间,是课程创生的艺术积淀

当我们从任何空间都有教学能力的角度来看待教育时,空间和材料所拥有的力量就会变得更有意义。[①] 让教室充满美的享受,不仅能促进儿童的审美建构,同时也能为课程创生提供艺术积淀。当我们仔细观察,会发现教室里其实到处都是有能力影响着我们教和学的东西:教具、装饰,以及教室的布局、环境等。因此,这些事物在教室中应得到充分的利用。其次,在教室中,除了固定的空间陈设和布局给儿童带来的审美体验,愉悦的活动氛围也是必不可少的。需要强调的是,教室不仅是教师在使用,同时也是儿童的活动场域,因此要充分考虑儿童的需要,教室的有效利用要得到儿童的理解与支持。在儿童眼中,美的内容千差万别,美的形式各式各样,每个儿童对美都有不同的认识和理解,充满美的享受的教室一定是尊重儿童审美的教室。在教室里,我们把诠释美的权利交到儿童手中,而不再以统一的审美标准去约束他们,给予儿童充分的理解与尊重。我们引导儿童用眼睛去"发现美"和"欣赏美",我们鼓励儿童用自己的大脑和双手去"表达美"和"创造美"。允许各种美的存在,同时也注重引导儿童表达自己对"美"的理解和感受,在帮助儿童理解美的多元化的同时,鼓励儿童尊重不同审美。在这样的教室中,儿童的审美不再是带有教师影子的审美,教师的审美也不再拘泥于单一的审美,双方互为影响,互为促进,为课程的创造生成注入美的元素。

---

① 代诗唯.小学美术教育空间的构建性研究[D].西南大学,2020.

四、教室是儿童的身体经验空间，是课程创生的重要保障

空间存在的重要意义在于它是作为人的生活世界而存在，同样地，教室存在的重要意义在于它是教师和儿童的生活世界。让教室成为儿童的身体经验空间，不仅能调动儿童的积极性，同时也为课程创生提供了保障。在教室中，儿童的身体感受往往能帮助其更好地感受和理解世界，教师充分利用教室环境与素材创设不同情境，激发儿童的身体体验，让儿童通过自身探索和感受，去找寻"确定性的结果"。就好比我们要搭一座桥，我们把造桥的目的和任务，以及造桥的工具交到儿童手中，让儿童在探索和实践中去完成造桥的任务。通过在教室中为儿童创造大量参与的机会，让儿童不再是知识的被动接受者。反之，我们给予儿童更多的时间去实践，让儿童在实践的基础上去理解和感悟，把儿童的体验置于首位，让儿童在体验中学习，把儿童的感受放大，进而让儿童获得审美的体验，探索的奥妙和学习的乐趣。在该过程中，儿童与学科知识之间的鸿沟通过多次"自主探究"和实践逐渐被填平，儿童亲身实践和体验过的事物，会加深儿童的感受，进而在心中留下深刻印象。

其次，依据儿童的探索与实践过程，课程内容也并非提前设置好的一成不变，而是教师根据儿童的表现对课程进行灵活调整和建构，以适应儿童的需要。在该过程中，教师与儿童相互协作，共同探讨与交流，为课程创生提供保障。

基于以上我们对"教室的课程意蕴"的解读，在本书中，我们将从"教室是儿童释放天性的地方""教室是唤醒生命灵性的舞台""教室是激发思维和想象的空间""教室是酝酿美学情愫的所在""教室是情境创设的剧场"以及"教室是转化课程性质的场域"六个方面展开，用我们经过研究与实践的六个学科的课程建设向大家进行展示，与各位进行沟通交流，如果存在不足之处，欢迎指正。

我们真正希望，每一间教室里教师与儿童的大脑和身体都能得以释放，每一间教室里教师与儿童的交往都能自由平等，每一间教室里教师与儿童都能互相理解与尊重，每一间教室里教师与儿童都能实现协作共赢，每一间教室都能真正成为教师与儿童诗意的栖息之地！与此同时，我们也衷心希望，在教师与儿童的共同协作下，每一间教室里创生的课程都能真正符合儿童所需，促进儿童身心发展！

第一章
教室是儿童释放天性的地方

　　教室是充满爱和故事的地方,教室是习惯养成和人格培养的地方,教室是促使儿童发展自己内在生活的地方。在教室里,能看到儿童天真烂漫的笑脸;在教室里,能捕捉儿童的真性情。每个儿童都是独立的、独特的个体,都有天马行空的梦想。教室作为儿童学习发展的空间,我们要顺应天性,遵循儿童发展规律,让儿童的天性得以释放。

郑州市管城回族区第二实验小学体育组，现有专任教师7人。其中研究生学历1人，本科学历6人；中小学一级2人，中小学二级5人；管城区优秀共产党员1人，管城区师德先进个人1人，管城区教育教学创新先进个人1人，管城区先进工作者1人，管城区骨干教师1人。我们依据教育部《关于深化课程改革，落实立德树人根本任务的意见》和《义务教育体育与健康课程标准（2022年版）》等文件，推进我校体育学科课程建设，取得了显著成效。

第一节　多彩运动迸发青春活力

一、学科性质

《义务教育体育与健康课程标准(2022年版)》指出:"义务教育体育与健康课程以身体练习为主要手段,以体育与健康知识、技能和方法为主要学习内容,以发展学生核心素养和增进学生身心健康为主要目的,具有基础性、健身性、实践性和综合性等特点,是学校教育的重要组成部分,对促进学生德智体美劳全面发展具有非常重要的价值。"[①]

根据这一要求,体育与健康课程的性质包括以下几个方面:

奠基性——体育课程是培养儿童掌握必要的体育与健康知识、技能和方法以及养成良好的体育锻炼习惯和健康的生活习惯的课程,是为培养儿童的终身体育意识和健康的生活理念奠定基础的课程。

健康性——体育课程是让儿童通过适宜的、综合性的身体练习,提高体能和运动技能水平的课程,使儿童在学习体育与健康知识、技能和方法的过程中健康成长。

实践性——体育课程是以儿童身体练习为主要手段的课程,让儿童在体育与健康知识的学习和体育锻炼中提高实践的能力。

综合性——体育课程是以体育与健康知识的学习为主要内容的课程。在教学中还要充分发挥体育课程的育人功能,渗透德育教育。通过整合相关内容,倡导健康的生活行为和方式,向儿童普及生长发育与青春期保健知识,培养儿童健康的心理和良好的社会适应能力,让儿童掌握疾病预防、安全应急和避险等方面的知识与技能。

---

① 中华人民共和国教育部. 义务教育体育与健康课程标准(2022年版)[S]. 北京:北京师范大学出版社,2022:1.

基于这种认识,我们认为体育课程的核心价值是:健康为主,全面发展。依据"健康第一"的指导思想,我们从教学内容的基础性入手,选择有效又多样的教学方法,努力构建奠基性、健康性、实践性、综合性相统一的较为完整的课程目标体系和发展性的评价方式。我们在课程中注重突出儿童的主体地位,激发儿童的运动兴趣,引导儿童积极掌握体育与健康的基础知识、基本技能和方法,增强儿童的体质,让儿童在运动中形成坚强的意志品质,培养他们的合作交往能力,促进儿童健康全面发展。

二、学科课程理念

根据《义务教育体育与健康课程标准(2022年版)》,结合我校实际情况,基于对上述学科性质观的认识,我校提出体育学科的核心理念为"悦动体育",即让儿童在运动中快乐成长。高尔基说过:"健康就是金子一样的东西,快乐是人生中最伟大的事。只有健康的体魄才能成就快乐的人生。"

"悦动体育"是"兴趣"的体育。我们通过精心设置的课程内容,把儿童的学习和生活经验联系起来,让儿童充分体验运动带来的快乐。

"悦动体育"是"健康"的体育。我们让儿童在体育运动中不断增强身体的抵抗力,促进儿童身体的健康发育,为儿童快乐地学习和生活打下良好的基础。

"悦动体育"是"全面"的体育。我们根据儿童的实际情况因材施教,努力让每一位儿童都接受基本的体育与健康教育。

"悦动体育"是"发展"的体育。我们以促进儿童的身心发展为中心,为儿童的终身发展奠定基础。

"悦动体育"是"精神"的体育。我们通过运动培养儿童刻苦锻炼、吃苦耐劳的精神,培养儿童的体育修养和道德情操,树立公平竞争的意识。

基于此,我们将"悦动体育"的理念确定为:让儿童在运动中快乐成长。通过课程学习,培养儿童运动兴趣,提升儿童健康水平,养成良好运动习惯,让每一个孩子拥有健康的体魄和完善的人格,促进每一个儿童身心健康,快乐成长。

第二节 多维目标打造健康体魄

《义务教育体育与健康课程标准(2022年版)》指出:"体育与健康课程围绕核心素养,体现课程性质,反映课程理念,确立课程目标。"[1]"通过体育与健康课程的学习,学生将掌握与运用体能和运动技能,提高运动能力;学会运用健康与安全的知识与技能,形成健康的生活方式学;积极参与体育活动,养成良好的体育品德的总目标。"[2]

一、学科课程总体目标

依据《义务教育体育与健康课程标准(2022年版)》规定的体育与健康课程目标,结合"运动能力""健康行为""体育品德"三个维度,我校体育课程总目标从"运动体能""运动技能""身体健康素养"三个方面进行设置。

运动体能:通过普及卫生基本知识和安全运动的常识,培养儿童科学锻炼、终身锻炼的态度,进而全面发展儿童的体能,增强安全运动的意识,培养儿童运动兴趣的能力。运动参与能力是儿童在参与体育学习和锻炼中的态度以及相应的行为表现,是儿童在学习并掌握体育知识与技能、方法和锻炼身体、提高健康水平的过程中形成的,是展现儿童体育行为和乐观开朗的人生态度的实践要求和重要途径。

运动技能:通过设计丰富的体育课程内容,激发儿童最基本的运动能力并让儿童在运动中习得运动知识、运动技能和方法的重要内容和主要途径,使儿童在体育知识技能的学习和练习中完成动作的能力。

身体健康素养:指通过形式多样的内容和方法,让儿童在感受运动乐趣的过程中体验成功和失败的情感,并在特定情感中保持良好体能、正常机能和充沛精

---

[1] 中华人民共和国教育部. 义务教育体育与健康课程标准(2022年版)[S]. 北京:北京师范大学出版社,2022:5.
[2] 中华人民共和国教育部. 义务教育体育与健康课程标准(2022年版)[S]. 北京:北京师范大学出版社,2022:6—7.

力的能力;使儿童获得情绪调节和正常人际交往的能力,让儿童在体育学习中形成坚强的体育意志、良好的体育道德、团结合作的体育精神与公平竞争的意识。

二、学科课程年级目标

依据《义务教育体育与健康课程标准(2022年版)》规定的体育与健康课程目标,结合《制定地方体育与健康课程实施方案和学校体育与健康课程实施计划的建议》,我们制定了"悦动体育"课程的完整目标体系,并划分了具体的年级目标,这里以一至三年级为例(见表1-1)。

表1-1 "悦动体育"年级目标表

年级	上 学 期	下 学 期
一年级	1. 运动体能:能够积极愉快地参与各种体育游戏,感受体育活动的乐趣。 2. 运动技能:学习基本的身体活动方法;知道所学运动项目或体育游戏的名称或动作术语;能够做出基本身体活动的动作。 3. 身体健康素养:初步了解个人卫生保健知识和方法,包括营养膳食、安全避险等健康知识和方法;努力完成当前的学练任务,不怕困难、努力坚持学练;能够快速地适应新的合作环境,愉快地进行体育运动。	1. 运动体能:积极愉快地参加各种体育游戏活动,包括校内和校外体育活动,感受体育锻炼对健康的重要性。 2. 运动技能:学练并体验移动、非移动、操控性技能等基本运动技能。 3. 身体健康素养:能够将了解的保健知识和方法、安全避险等技能正确运用到日常生活中;体验体育活动对情绪的积极影响;乐于与他人交往,快速适应环境。
二年级	1. 运动体能:积极愉快地参与多种运动项目游戏,感受运动乐趣;能够按照体育规则和要求参与体育活动。 2. 运动技能:学习一些武术类的基本动作和简单组合;知道所学运动项目和体育游戏的名称或者术语,体验运动过程并初步了解一些运动现象;了解简单的民族传统体育项目的基本动作。 3. 身体健康素养:熟知个人卫生保健知识和方法,包括营养膳食、安全避险	1. 运动体能:积极愉快地参与多种运动项目游戏,感受运动乐趣;明白体育锻炼对健康的重要性。 2. 运动技能:掌握运动的技能和方法,学习基本的身体活动方式和不同体育项目的活动方法;了解安全运动以及日常生活中有关安全避险的知识和方法,增强安全意识与防范能力。 3. 身体健康素养:熟知个人卫生保健知识和方法,包括营养膳食、安全避险等健康知识和方法,并能熟练正确地

(续表)

年级	上 学 期	下 学 期
	等健康知识和方法;学会调节情绪的方法,体验体育活动对情绪的积极影响;培养坚强的意志,按要求努力完成体育学习和锻炼任务。	运用到日常生活当中;能够在体育活动中表现出对同学的关心和爱护,乐于帮助同学,形成合作意识和能力。
三年级	1. 运动体能:能够积极地参加多种运动项目游戏,感受运动乐趣;能够按照体育规则和要求参与体育活动。 2. 运动技能:学练体能和多种运动项目的知识与技能,能进行体育展示或比赛。 3. 身体健康素养:初步了解个人卫生保健、营养膳食、青春期生长发育、运动伤病、安全避险等健康知识和方法;在有一定难度的体育活动中表现出勇敢顽强、克服困难的意志品质;在体育活动中学会文明礼貌、乐于助人。	1. 运动体能:喜欢参加各种体育活动、体育游戏和比赛;明白体育锻炼对健康的重要性。 2. 运动技能:了解奥林匹克运动,学习相关知识;认识多种动作术语和动作名称的含义;正确使用术语描述学过的技术动作;在体育活动和比赛过程中对自己在速度、力量等方面提出更高要求。 3. 身体健康素养:将了解到的个人卫生保健、营养膳食、青春期生长发育、运动伤病、安全避险等健康知识和方法运用于日常生活中;能够在体育活动中表现出对同学的关心和爱护,乐于帮助同学,形成合作意识和能力。

总之,我们通过创设多维目标,倡导对学与教的过程的体验、方法的选择等,让儿童在运动中强健体魄,发展智力,从而促进儿童健康快乐地成长。

第三节 缤纷课程编织多彩童年

为了实现上述目标,学校根据学科课程总目标和年级目标,开发了丰富的延伸课程,构建了"悦动体育"课程群,既能提高儿童的体能,又能够促进儿童的全面发展,实现了学科的特色化建设,全面提升课程的品质。

一、学科课程结构

"悦动体育"根据《义务教育体育与健康课程标准(2022年版)》中课程的"基本运动技能""体能""健康教育""专项运动技能""跨学科主题学习"五个学习方面,并结合我校的特点,围绕"悦动技能""悦动体能""悦动健康"三个板块进行课程构建,从而形成"悦动体育"课程(见图1-1)。

图1-1 "悦动体育"课程结构图

上图中各个板块,课程具体表述如下:

"悦动技能"类课程是指在体育学习和锻炼中完成动作的能力。它旨在提升基本运动技能、专项运动技能及相关理论知识。

"悦动体能"类课程是指培养与身体机能、肌肉能力、心肺、协调性、柔韧性、反应速度等相关内容的课程。它旨在全面发展人体体能，提高运动能力，形成积极的体育态度，提高分析问题和解决问题的能力。

"悦动健康"类课程是指培养儿童积极热情地参与体育学习的态度和健康行为与生活方式表现的课程。在这里，我们结合《义务教育体育与健康课程标准（2022年版）》中对课程内容的解读，并结合我校实际情况，将健康教育和跨学科主题学习进行了融合。"悦动健康"课程通过丰富多彩的内容和形式多样化的方法，引导儿童主动地参与体育锻炼，体验运动乐趣与成功，提升预防儿童疾病、应对突发事件、安全应急与避险等方面的能力。

二、学科课程设置

"悦动体育"课程秉承"让每一个孩子拥有多姿多彩的童年"的办学理念，根据《义务教育体育与健康课程标准（2022年版）》进行设置，下表展示了"悦动体育"课程的设置（见表1-2）。

表1-2 "悦动体育"课程设置表

课程结构 年级学期		悦动技能	悦动体能	悦动健康
一年级	上	趣味武术 运西瓜	快乐向前冲 青蛙跳跳跳	坐立行 我最美 小憩的眼睛 我爱新朋友
	下	功夫小子 越滚越快乐	穿越沼泽地 投远小能手	卫生达人 小小营养师 劳动最光荣
二年级	上	趣味武术 健步如飞	自然快跑 炫酷跳绳	安全卫士 卫生达人 宝贝站好 钢铁战士

(续表)

课程结构 年级学期		悦动技能	悦动体能	悦动健康
	下	趣味武术 功夫小子	贴烧饼 炫酷跳绳	小小解放军 宝贝站好 破解运动密码
三年级	上	趣味武术 足球小子	小小马拉松 "篮"精灵 炫酷跳绳	安全卫士 卫生达人 人与自然和谐共处
	下	趣味武术 足球小子	你追我跑 "篮"精灵 炫酷跳绳	小小解放军 反应小能手 绿色小卫士
四年级	上	趣味武术 校园啦啦操	绿茵小将 足球小子	疾病预防我能行 小小解放军 地震来了,怎么办
	下	趣味武术 校园啦啦操	追逐跑游戏 足球小子	卫生小标兵 疾病预防 废旧物合理利用
五年级	上	趣味武术 足球小子 校园啦啦操	沙包投掷 跳跃极限	保健运动 从我做起 体会盲人摸象
	下	功夫少年 "篮"精灵 校园啦啦操	炫酷跳绳 乒乓乓乓	合理饮食 疾病预防我最行 我是建筑师
六年级	上	趣味武术 "篮"精灵	足球绕杆 多级跳	小小军人 爱眼有方 绿色环保从我做起
	下	功夫少年 跨越极限	我是球王 挑战自我	小小医生 体型我最美 健康饮食

　　总而言之,丰富多彩、多元化的课程体系代表着学校不同的色彩。让儿童拥有多姿多彩的学习生活,在多彩的乐园里迸发青春活力。

第四节 多元评价共筑悦动少年

"悦动体育"着眼于儿童体育学科素养的发展,以师生学习为载体,发挥儿童的主体作用,使儿童能够达到在快乐游戏的过程中进行学习的效果。

一、构建"悦动课堂",优化课程品质

"悦动课堂"有别于我们传统的说教式教育,是由老师的"一言堂"转变为现在的"以学定教,先学后教"的模式。总的来说,"悦动课堂"是快乐的课堂,是灵动的课堂。"悦动课堂"有灵活的教学方法,有灵巧的课堂管理,有灵敏的反应机制。"悦动课堂"使儿童的身心能够快乐地发展。

(一)"悦动课堂"的实施

课堂教学以"悦动课堂教学模式"为主,其核心在于体现"主导"与"主体"的有机统一,实现"教"与"学"的和谐共振。"悦动课堂"主要体现以下几个方面:

(1) 优化课堂氛围:各班都要有自己的口号,如"愉悦、激励、自信、成功"等方面的标语。各小组都要有自己的鼓励性口号。

(2) 实行小组优化:一般四至六人为一组,每个组兼顾优、中、差,让儿童结成对子"一帮一""一促一""一会一"。

(3) 实施"一二六"基本环节:"一"指"以悦动为中心","二"指"以儿童为主体,以教师为主导","六"指课堂教学过程中六个主要环节:悦入情境→悦学得法(依据目标自主学习)→悦思启智(小组合作探究)→悦享展示(展讲交流)→悦享提升(点拨深化)→悦纳有成(总结强化)。

(二)"悦动课堂"的评价标准

"悦动课堂"的评价主要是围绕课程内容、学科团队发展、儿童学习发展制定的评价机制,体现"快乐多元"的评价意识。以下是"悦动课堂"评价量表(见表1-3)。

表1-3 "悦动课堂"评价量表

学科		年级		授课教师		分值
授课内容	\multicolumn{6}{l	}{人民教育出版社出版的体育与健康课程标准教师用书 课型：（新授课、练习课……） 课时： 授课内容：}
教学设计	目标 （10分）	\multicolumn{4}{l	}{有具体、明确的目标；能够紧扣课程标准和学段要求，体现教材的特点。}	10
	内容 （10分）	\multicolumn{4}{l	}{能做到结构合理，重难点突出；能够调动学习的积极性。}	10
课堂实施	创设情境 问题引领 （20分）	\multicolumn{4}{l	}{1. 善于利用多种途径引导儿童解决在学习过程中遇到的问题。 2. 引导、鼓励儿童多提问，培养儿童提问和质疑的能力。 3. 学习目标层次化，以明确的学习任务激发儿童敢于探究的热情。}	20
	小组合作 实践探究 （35分）	\multicolumn{4}{l	}{1. 展示环节积极主动，大方自然。 2. 小组合作体现合作、实践、互助等学习方式。 3. 教师能够在此过程中辅助儿童解决问题。}	35
	练习反馈 （15分）	\multicolumn{4}{l	}{1. 拓展训练内容层次感强。 2. 及时了解儿童对知识掌握和方法获得的具体情况。发现问题，及时纠正和弥补。}	15
课堂表现	学习情况 （10分）	\multicolumn{4}{l	}{1. 学习兴趣浓厚且状态好。 2. 能够积极地参与到教学的各个环节。 3. 大胆自信，动作规范正确。}	10

二、丰富"悦动课程"，提高学习兴趣

"悦动课程"是以"阳光体育"为载体，遵照"健康第一"的指导思想，突出儿童的主体地位，根据不同水平儿童的特点制定相应的课程，通过设计不同的教学内容，并运用多种多样的教学方法，提高儿童学习兴趣。"悦动课程"更加注重激发儿童的运动意识和运动潜能，更加注重引导儿童掌握体育与健康基础知识、基本技能和方法，增强儿童的体能，培养儿童坚强的意志品质、合作精神和交往能力，为儿童终身运动奠定基础，促进儿童的全面发展。

(一)"悦动课程"的实施

"悦动课程"本着全面发展儿童体能、提高儿童学习兴趣的原则,促进儿童健康成长。在实施过程中以游戏为主要内容,采用简单、有趣、多样的教学手段激发儿童的运动兴趣,让儿童通过本学期的学习过程习得一些最基本的体育技术动作。结合我校的师生情况,针对不同水平的儿童分别从运动参与能力、运动技能水平、身体健康素养、心理适应能力四个方面制定了不同的教学课程。

(二)"悦动课程"的评价标准

"悦动课程"的评价主要分为过程性评价和技能评价两部分。过程性评价主要包括出勤情况和课堂活动表现。技能评价主要测试内容为体育课学习内容(见表1-4)。

表1-4 "悦动课程"评价表

评价项目	评价标准	分值
过程性评价	出勤情况:以每节体育课教师的考勤为准,无故缺课累计达3节课时的定为体育与健康成绩不合格,出满勤、不迟到早退的儿童满分。	10
	课堂活动表现:儿童学习态度积极主动,具有合作精神,回答问题积极,由教师结合儿童在学习过程中的表现进行评分。	10
技能评价	技能测试是针对本学期开展的课程进行专门测试,每学期至少选取一项内容进行测试,上下学期的内容不能相同,主要测试儿童所学的基本动作要领是否熟练、准确。	80

三、打造"悦动课间",开展快乐体育

"悦动课间"秉承了"每天锻炼一小时,快乐学习每一天"的健康理念,充分挖掘课间活动内容,将大课间的体育运动和儿童思想引领结合起来,在儿童锻炼身体的同时,促进儿童健康快乐地成长。

(一)"悦动课间"的实施

"悦动课间"包括"阳光亮眼操"、"武术段位制操"、"学习雷锋好榜样"韵律操和"青春修炼手册"韵律操。

"阳光亮眼操"旨在锻炼儿童的眼部肌肉,缓解视力疲劳。第二节下课铃声响

起,儿童跟随音乐节奏有序下楼,到达指定位置后,全体儿童跟随音乐做眼保健操。

"武术段位制操"旨在提高儿童的武术技能,学习中国传统文化。我校每周二和周五的课间操为武术段位制操,下课铃声响起,儿童跟随音乐节奏有序下楼,到达指定位置后,首先进行眼保健操,之后全体儿童跟随武术段位制音乐进行武术操,要求动作标准,口号响亮。

"学习雷锋好榜样"韵律操旨在锻炼儿童的节奏感及协调性,学习雷锋精神。我校每周三的课间操为雷锋操,下课铃声响起后,儿童跟随音乐节奏有序下楼,到达指定位置后,首先进行眼保健操,之后全体儿童跟随音乐节奏集体做雷锋操。

"青春修炼手册"韵律操旨在培养儿童的身体协调性及音乐节奏感。我校每周四的课间操为"青春修炼手册"韵律操,下课铃声响起后,儿童跟随音乐节奏有序下楼,到达指定位置后,首先进行眼保健操,之后跟随音乐节奏集体做操。

体育教研组根据儿童不同水平段的特点和学校体育特色项目设置"悦动课程"的活动内容,每学期召开专项研讨会,对活动内容进行动态监控,不断进行完善。

(二)"悦动课间"的评价标准

"悦动课间"的评价主要从内容设计的适切性、实施过程的有效性两个方面进行。

"悦动课间"内容的评价通过教师自评、儿童反馈、课程中心评价三者结合,检验"悦动课间"内容是否符合儿童的发展规律,是否满足儿童体育素养发展的需求,是否符合学校的特色发展。

具体评价内容如下:

每天大课间活动时,由值周儿童做好观察记录,负责上下楼的速度与秩序,清点参加大课间活动的人数,对活动情况、活动效果进行观察记录。

德育处对大课间进行每周评比,汇总至各班大课间评价表上,公布在校园公告栏中,并在周一升旗仪式上由本周值周教师进行表彰和总结。

被评选为优秀大课间的班级,每次为班主任记一分,并作为期末评选优秀班集体的重要条件之一。

在全员运动会中进行大课间评比评分,计入运动会总分。

四、建设"悦动社团",促进儿童个性化发展

"悦动社团"秉承了"让每一个孩子拥有多姿多彩的童年"的办学理念,以丰富儿童的校园生活为目的,以儿童自愿参加为原则,提高儿童的学习兴趣,促进儿童个性化发展。

(一)"悦动社团"的实施

为了培养儿童的创新精神,丰富儿童的课余生活,开阔儿童视野,陶冶儿童情操,发展儿童个性特长,促进儿童全面发展,全面提升办学水平,我校"悦动社团"开展了内容丰富的体育活动,如:"武术小子""快乐啦啦操""绳彩飞扬""足球小子""灌篮高手""极速达人"等儿童特色社团。每个社团都撰写了社团简介、社团纲要、社团方案、社团训练计划以及评价方案等材料。

武术小子:以大力发展儿童武术水平为主的社团,旨在培养一批具有良好武术水平的儿童,从而带动学校整体儿童的武术水平。我们坚持以武术特色学校的基本要求为标准,认真落实好每一项工作。

快乐啦啦操:以富有时代气息和节奏感强的健美操为主,既丰富校园文化,又使儿童的身心健康得到发展。

绳彩飞扬:本着健康向上、积极进取、开拓创新的精神,致力于推动全校儿童参与花样跳绳,养成良好的锻炼习惯,丰富儿童课余生活。

足球小子:以推广校园足球为目的,努力培养儿童学习足球的兴趣,提高孩子们的身体素质和足球技能水平。

灌篮高手:以高年级儿童为主,努力发展儿童的篮球水平,在全校普及并强化篮球运动,篮球运动不仅能够增强孩子的体质,而且还可以通过它对儿童进行思想品德教育,开发儿童智力,促进儿童的心理健康。

极速达人:以高年级儿童为主,开展田径活动,努力发展孩子们的基本素质,培养吃苦耐劳精神,提高儿童的身体素质,学会基本的运动技能。

(二)"悦动社团"的评价标准

"悦动社团"符合儿童的实际需求,既能提高儿童的兴趣,又能让儿童树立学习的信心。每个社团通过教师评价、小组评价、儿童自评等方式进行评价,既注重终结性评价,又注重过程性评价(见表1-5)。

表1-5 "悦动社团"评价量表

评价项目	评价标准	分值
积极性 (30分)	积极参与活动	10
	积极与同学配合	10
	积极克服困难和挫折	10
表现能力 (20分)	积极帮助同学	5
	良好的精神面貌	5
	训练实施达标	10
实践能力 (20分)	体育技能	10
	自主学习能力	5
	互助合作学习能力	5
成果展 (30分)	参加校展演活动	10
	参加区竞技比赛	10
	期末考查	10

五、开展"悦动体育节",打造游戏嘉年华

"悦动体育节"是为了检验我校体育工作,全面推进素质教育,提高广大儿童体质,真正落实德智体美劳全面发展的指导思想的重要手段。"悦动体育节"通过传递"团结、坚持、拼搏、创新"的运动精神,引导儿童树立"天天运动,快乐一生"的生活观念,让儿童在满怀激情中锻炼身体,在"悦动体育节"中陶冶情操,发挥智力和发展个性,感受运动的魅力。"悦动体育节"积极为孩子们营造、创造有品质、有品位的幸福童年。

(一)"悦动体育节"的实施

我们为儿童搭建运动的舞台,通过丰富多彩的内容与多样的形式,充分体现了体育运动的全员性、趣味性、技能性等特点。

武术节:结合《河南省武术特色学校验收标准》,巩固儿童的武术动作,提高儿童身体的柔韧性和协调性,促进儿童身体素质的发展,培养儿童对武术的兴趣,培养儿童的集体意识和合作意识。

游戏节:通过游园的形式,让儿童在玩游戏、赚游戏币、逛乐园的过程中感受不同游戏的魅力,使得儿童在不同的游戏中体验不同的乐趣并获得成就感,在潜移默化中培养儿童的竞争意识和运动精神。

体育节:根据《国家儿童体质健康标准》,通过校园运动会的形式对儿童进行体质健康检测,掌握儿童的身体健康状况,有针对性地增强儿童体质,培养儿童良好的体育锻炼习惯及顽强拼搏的意志品质。加强儿童集体主义观念,展现儿童健康活泼的良好形象,同时通过比赛培养孩子们团结协作的意识和集体的荣誉感。

(二)"悦动体育节"的评价标准

"悦动体育节"是校园文化的重要组成部分,学校以体育节系列活动的形式开展,是全校性体育活动的一种有效组织形式。我们从运动会活动的目标、内容的设定、儿童的参与及效果等方面进行评价(见表1-6)。

表1-6 "悦动体育节"评价表

评价项目	评 价 内 容	分值
目标设置	活动目标明确、清晰	20
内容要求	根据儿童年龄特点,确定内容设置与具体要求,引导儿童热爱生活,积极参与,增强活动的现实性和亲近感。	20
活动	整个过程贯穿活动,使儿童在情境中参与活动,在活动过程中得到体验和感悟,增强活动的有效性。	20
参与体验	儿童充分发挥主体作用,乐于参与,自主体验。	20
目标达成	儿童目标达成度高,通过活动儿童得到技能提升,获得丰富的情感体验,形成积极的生活态度,养成良好的生活习惯。	20

六、组织"悦动赛事",深化快乐运动理念

"悦动赛事",是培养儿童专项体育特长的比赛项目,一方面激励儿童的自信,另一方面检验社团训练的成果,提高儿童的比赛实战经验,为学校选拔更多的运动型人才。

(一)"悦动赛事"的实施

"悦动赛事"由体育组教师设计比赛方案,编制比赛的流程,严格落实训练计

划进行训练,以确保比赛的实效性。

篮球比赛:每年四月进行,三至六年级儿童参与,通过比赛选拔优秀选手。

田径比赛:每年五月进行,以班级为单位选拔出优秀选手参加校级运动会,为区运动会做准备。

健美操、课间操比赛:每年六月进行,以班级为单位,所有儿童参与。

武术比赛:每年九、十月进行,以班级单位进行展示。年级内遴选出优秀班级参加总决赛。

跳绳比赛:每年十一月进行,以年级为单位参加,比赛内容包括"单摇"和"双摇"。通过比赛选拔优秀选手参加区跳绳比赛。

足球比赛:每年四月以展演的形式进行比赛,参加人员主要是足球社团的成员。目的在于吸引提升更多的儿童加入到足球社团中来。

(二)"悦动赛事"的评价标准

为了提高比赛组织质量,实现以比赛促进儿童学习、促进教师技能提升的目标,我校首先是准备训练计划,合理分配训练的场地,保证训练工作正常进行。其次,推动比赛合理有序进行,做好对教练员、裁判员等的赛前、赛中培训,使每一次比赛都能够有序进行。最后学校对比赛进行表彰、总结和相关比赛资料的搜集。评价标准参照"悦动体育比赛"评价表(见表1-7)。

表1-7 "悦动赛事"评价表

评价项目	评 价 内 容	分值
目标设置	比赛目标明确、清晰。	10
动作技能	动作标准、技术娴熟。	25
思想	参与活动积极性高,在活动过程中得到体验和感悟。	20
意识	懂得相互合作,有责任感和集体荣誉感。	25
比赛效果	成绩突出,比赛过程中具有良好的道德风尚。	20

综上所述,儿童的体质发展对促进儿童的健康成长有着重要的意义,学校通过组织有声有色的、多姿多彩的、多元化的体育活动,能够培养儿童参与体育运动

的意识,传递正确的健康理念,发挥最大的外延辐射影响作用,让儿童把健康的生活方式铭记于心,让体育运动成为儿童影响心理、精神、身体等方面的重要生活方式。

(撰稿者:虎鹏　张喜兵　于彩娟　赵通通　殷康焕　王亚)

第二章
教室是唤醒生命灵性的舞台

　　教室是教师与儿童双向互动的空间，二者的相互协作促进课程的创造生成。教师应在教室里注重开发儿童的思维，唤醒儿童生命的灵动，让教室成为一个释放儿童天性的场所，成为一个儿童展示自我的舞台。在教室里，只有儿童动起来，课堂才能生成，因此，教师应注重创设和开发的语境，唤起儿童对知识的渴望，注重儿童的生命体验，激发生命共舞，用生命呵护学生，关注儿童生命生长。师生之间相互协作，令课堂充满灵动。

郑州市管城回族区第二实验小学英语组,现有教师10人,其中本科学历9人,大专学历1人;中小学一级教师1人,中小学二级教师5人;郑州市名师1人,郑州市学术技术带头人1人,管城区名师1人,管城区杰出教师1人,管城区专业技术拔尖人才1人。第二实验小学英语教研组充分发挥团队合力,积极参与各级各类教育教学活动,不断提升英语教师的综合素养。根据教育部《关于深化课程改革,落实立德树人根本任务的意见》的文件精神和《义务教育英语课程标准(2022年版)》,制定了《第二实验小学灵动英语课程群建设方案》,有序推进英语学科课程建设,取得了显著成效。

第一节　互动体验感受儿童灵动

一、学科性质

《义务教育英语课程标准(2022年版)》指出:"英语属于印欧语系,是当今世界经济、政治、科技、文化等活动中广泛使用的语言,是国际交流与合作的重要沟通工具,也是传播人类文明成果的载体之一,对中国走向世界、世界了解中国、构建人类命运共同体具有重要作用。

"义务教育英语课程体现工具性和人文性的统一,具有基础性、实践性和综合性特征。学习和运用英语有助于学生了解不同文化,比较文化异同,汲取文化精华,逐步形成跨文化沟通与交流的意识和能力,学会客观、理性看待世界,树立国际视野,涵养家国情怀,坚定文化自信,形成正确的世界观、人生观和价值观,为学生终身学习、适应未来社会发展奠定基础。"[1]

英语学科"要坚持学思结合,引导学生在学习理解类活动中获取、梳理语言和文化知识,建立知识间的关联;坚持学用结合,引导学生在应用实践类活动中内化所学语言和文化知识,加深理解并初步应用;坚持学创结合,引导学生在迁移创新类活动中联系个人实际,运用所学解决现实生活中的问题,形成正确的态度和价值判断。坚持以评促学、以评促教,将评价贯穿英语课程教与学的全过程。注重发挥学生的主观能动性,引导学生成为各类评价活动的设计者、参与者和合作者,自觉运用评价结果改进学习。注重引导教师科学运用评价手段与结果,针对学生学习表现及时提供反馈与帮助,反思教学行为和效果,教学相长。坚持形成性评价与终结性评价相结合,逐步建立主体多元、方式多样、素养导向的英语课程评价体系"[2]。

---

[1] 中华人民共和国教育部. 义务教育英语课程标准(2022年版)[S]. 北京:北京师范大学出版社,2022:1.
[2] 中华人民共和国教育部. 义务教育英语课程标准(2022年版)[S]. 北京:北京师范大学出版社,2022:3.

根据上述课程理念,并结合我校的校情,我们的英语课程以 PEP 小学英语为依托,从三年级开始,按照能力水平和年级不同,形成循序渐进、持续发展的课程安排。设置分级课程目标借鉴了国际上通用的分级方式,力求体现不同年龄段学生的学习需求和认知特点,使英语课程具有整体性、灵活性和开放性。在课程实施过程中,注重让学生通过交际、语言综合运用等活动提升学生的语用意识,培养学生的口语交际能力,促使学生核心素养的提升。

二、学科课程理念

基于英语学科的特点,结合我校校情,英语组教师经过反复研讨,制定了我校的"灵动英语"课程。"灵动英语"的课程理念是让儿童在交际中领悟语言的魅力。《现代汉语词典》对"灵动"一词的解释是活泼不呆板,富于变化。这是灵动课堂的外在形态,其核心是以人为本,构建师生有效互动平台,使得教学活动富有生命力,在师生、生生的互动沟通中,形成思维的碰撞以及智慧的交流,创新升华课本知识,真正提升学生学习素养,实现高效课堂。[1]

"灵动英语"是自主的英语。"灵动英语"倡导儿童采用自主学习的课堂模式,需要教师把英语教学更多地视为学生主动地进行言语实践活动的过程。在教学中,应帮助儿童发展以下能力:确定学习目标,选定学习内容,把握学习时间,选择学习方法和技巧,监控学习过程和评估学习效果。因此,教师的角色是促进者、协调者、组织者、评价者。

"灵动英语"是儿童的英语。"灵动英语"要求教师在教学中关注儿童个体的精神状态,关注学生主体的情感需求,着力建构开放的、灵动的课堂运行体系,以激发学生的求知欲,激发儿童在课堂上的活力。

"灵动英语"是智慧的英语。"灵动英语"力求真实、重在生成、突出智慧,要求教师用高超的教育智慧,关注儿童的学习情感,用灵活的教学方法激发儿童的思维品质。

"灵动英语"是互动的英语。"灵动英语"注重课堂互动,具备更高的师生、生生的互动性,更具有吸引力和趣味性,让儿童处于英语课堂的中心地位,要求英语

---

[1] 吴碧英. 小学英语教学中核心素养的培养策略[J]. 才智,2018(26):172—173.

教师构建一个积极活跃的英语学习环境,让儿童能够真正地加入到英语课堂学习当中,体会英语学习带来的快乐。

"灵动英语"是生成的英语。"灵动英语"提倡理论与实践相结合的重要性,力求联系实际,把所学知识运用到生活中去,要投入生活,在生活中观察动态生成的有利资源,激发儿童学习的主动性、想象力,摆脱枯燥乏味的教学方法,凸显出儿童在课堂上的主体地位。[①]

---

① 康淑英.动态生成教学,灵动英语课堂[J].教育艺术,2017(4):29.

第二节　创设情境领略儿童灵性

《义务教育英语课程标准(2022年版)》中对于义务教育阶段英语课程总目标的具体要求是：核心素养是课程育人价值的集中体现，是学生通过课程学习逐步形成的适应个人终身发展和社会发展需要的正确价值观、必备品格和关键能力。英语课程要培养的学生核心素养包括语言能力、文化意识、思维品质和学习能力等方面。语言能力是核心素养的基础要素，文化意识体现核心素养的价值取向，思维品质反映核心素养的心智特征，学习能力是核心素养发展的关键要素。核心素养的四个方面相互渗透，融合互动，协同发展。[①]

一、学科课程总目标

义务教育阶段学生应通过本课程的学习，达到如下目标：

（一）发展语言能力

能够在感知、体验、积累和运用等语言实践活动中，认识英语与汉语的异同，逐步形成语言意识，积累语言经验，进行有意义的沟通与交流。

（二）培育文化意识

能够了解不同国家的优秀文明成果，比较中外文化的异同，发展跨文化沟通与交流的能力，形成健康向上的审美情趣和正确的价值观；加深对中华文化的理解和认同，树立国际视野，坚定文化自信。

（三）提升思维品质

能够在语言学习中发展思维，在思维发展中推进语言学习；初步从多角度观察和认识世界、看待事物，有理有据、有条理地表达观点；逐步发展逻辑思维、辩证思维和创新思维，使思维体现一定的敏捷性、灵活性、创造性、批判性和深刻性。

[①] 中华人民共和国教育部. 义务教育英语课程标准(2022年版)[S]. 北京：北京师范大学出版社，2022：4.

（四）提高学习能力

能够树立正确的英语学习目标，保持学习兴趣，主动参与语言实践活动；在学习中注意倾听、乐于交流、大胆尝试；学会自主探究，合作互助；学会反思和评价学习进展，调整学习方式；学会自我管理，提高学习效率，做到乐学善学。[①]

二、学科课程年级目标

基于以上目标，依托"灵动英语"学科课程理念，根据《义务教育英语课程标准（2022年版）》《义务教育教科书英语教师教学用书》和教育部审定三至六年级小学英语（PEP）教材的要求，确立我校系统而持续渐进的英语课程体系目标，来逐步实现对学生核心素养提升的总目标，设置我校三至六年级分级目标，这里以三至五年级为例（详见表2-1）。

表2-1 "灵动英语"课程目标表

年级	上 学 期	下 学 期
三年级	Unit 1 1. 能听懂会说句型：Hello! /Hi! I am. — What's your name? My name is … Goodbye. Bye. 并能在实际情境中进行简单的日常交际沟通。能跟唱26个英文字母歌曲以及认读有关文具的单词：ruler, pencil, eraser, crayon, bag, pen, pencil box, book。 2. 通过创设见面打招呼、自我介绍以及道别场景，学会见面打招呼、自我介绍以及道别的日常用语。 3. 培养乐于开口，敢于开口讲英文的习惯，激发想学、乐学英语的兴趣。 Unit 2 1. 能听懂会说句型：Good morning. Good afternoon. This is … Nice to meet	Unit 1 1. 能够听懂会说认读句型Where are you from? I'm from … He/She is. 2. 能够在真实或模拟的情景中运用。能够听、说、认读单词：China, Canada, the UK, the USA, he, she, teacher, student. 3. 能够正确说出元音字母Aa在单词中的短音发音/æ/，并能够根据其发音规律拼读学过的单词。 4. 能理解并表演故事，能恰当运用句型I'm … Let's … Unit 2 1. 能够听懂、会说、认读、运用句型Who's that man/woman? He's/She's my …

---

① 中华人民共和国教育部.义务教育英语课程标准（2022年版）[S].北京：北京师范大学出版社，2022：5—6.

(续表)

年级	上　学　期	下　学　期
	you. 并能在情境中运用。 2. 能听、说、认读有关颜色的词汇：red, green, yellow, blue, black, brown, white, orange。 3. 能正确听说读写字母：Aa, Bb, Cc, Dd, 并知道在单词中的发音，听到字母能说出其对应的发音。 4. 学会问候他人，向他人介绍朋友。 Unit 3 1. 能听懂会说句型：Look at me. This is my/the/a/an ... . How are you? I am fine, thank you. Very well, thanks. Let's ... 并能在实际情境中灵活地运用。 2. 能听、说、认读有关身体部位的单词：ear, eye, nose, mouth, face, head, hand, arm, body, leg, foot。 3. 能正确听、说、读、写字母：Ee, Ff, Gg, Hh, Ii 并知道其在单词中的发音，听到字母能说出其对应的发音。 4. 通过见面打招呼，描述自己等场景，模仿、学习、表演以达到真实运用的目的。 5. 能够在图片、实物或情境的帮助下运用句型：Look at me. This is my ... 向别人介绍自己或别人的五官和身体部位，并能在实际生活中运用。 Unit 4 1. 能听懂会说句型：What's this/What's that? It's a ... Cool! I like it. 2. 能听说认读有关动物的单词：duck, pig, cat, bear, dog, elephant, monkey, bird, tiger, panda。	Is he/she your ... ? No, he/she isn't. 并试着表演出来。 2. 能够听、说、认读单词：father/dad, mother/mum, man, woman, grandfather/grandpa, grandmother/grandma, brother, sister, 并能在语境中正确运用。 3. 知道元音字母 Ee 在单词中的短音发音/e/，能够逐步做到见到符合发音规律的词能拼读，听到符合发音规律的词能拼写。 4. 通过表演增加课堂的趣味性，提升自信心和合作意识。 Unit 3 1. 能够听、说、认读并在情境中运用句型 It's (so) tall/short. It has. 并试着表演出来。 2. 能够听、说、认读单词：tall, short, fat, thin, big, small, long。 3. 能够正确说出字母 Ii 在单词中的短音发音/i/，并能够根据其发音规律拼读学过的语音例词。 4. 具有热爱动物、保护动物的意识，不乱逗玩动物或乱投喂动物等。 Unit 4 1. 能够听懂会说并在情境中运用句型 Where is ... ? It's in/on/under ... . 2. 能听说认读、在语境中理解单词：desk, chair, in, on, under, cap, ball, car, boat, map。 3. 能够正确说出元音字母 Oo 在单词中的短音发音/o/，并能够根据其发音规律拼读学过的语音例词。 4. 会演绎歌曲 Where is the toy car, 并通过歌曲巩固本单元所学句子与单词。

(续表)

年级	上　学　期	下　学　期
	3. 能正确听说读写字母：Jj，Kk，Ll，Mm，Nn，并知道其在单词中的发音并能够建立单词音、义、形之间的联系，整体学习单词。 4. 能够在图片或者情境帮助下运用所学单词和句型询问和回答动物名称。 5. 具有热爱动物、保护动物的意识，能体会到英语学习的乐趣，并能与教师同学积极交流。 Unit 5 1. 能听懂会说句型：I am hungry. Have some …? Here you are. Can I …? You're welcome. 会表达自己想吃的食物以及为别人提供食物或请别人吃东西。 2. 能正确听说读写字母：Oo、Pp、Qq、Rr、Ss、Tt，并知道在单词中的发音，听到字母能说出其对应的发音，建立音、形、义之间的联系，整体学习单词。 3. 能听说认读有关食物和饮料的单词：bread，juice，egg，milk，water，cake，fish，rice，了解中西文化，能够比较中西方饮食差异。 4. 听懂一些进餐的指示语，并能按照指令做相应的动作。 Unit 6 1. 能听懂会说句型：How many …? Five. Happy birthday! How old are you? I am … years old. 并能在实际情境中运用，以及了解中西方谈论年龄话题的差异。 2. 能说认读 1—10 有关数字的单词并了解不同国家的幸运数字。	Unit 5 1. 能够听懂会说并应用句型：Do you like …? Yes, I do. No, I don't. I like. I don't like. 2. 能够听、说、认读单词：pear, apple, orange, banana, watermelon, strawberry, grape。 3. 能够正确说出字母 Uu 在单词中的短音发音/u/，并且能够根据其发音规律拼读学过的语音单词。 4. 通过阅读趣味故事，复习巩固本单元所学单词 pear, apple, orange, banana, watermelon, strawberry, grape。 5. 能理解并表演故事，恰当运用句型 Do you like …? I want. I like. Unit 6 1. 能够听懂会说并在生活情境中运用句型 How many … do you see? I see …. How many … do you have? I have …. 2. 能够听、说、认读、在生活中运用单词：eleven, twelve, thirteen, fourteen, fifteen, sixteen, seventeen, eighteen, nineteen, twenty。 3. 能够正确说出元音字母 Aa, Ee, Ii, Oo, Uu 在单词中的短音发音，并能够根据其发音规律拼读学过的单词。

(续表)

年级	上 学 期	下 学 期
	3. 能正确听说读写字母：Uu，Vv，Ww，Xx，Yy，Zz 并知道在单词中的发音。听到字母能说出其对应的发音并建立单词音、形、义之间的联系，整体学习单词。 4. 教师通过肢体动作简单的英语指示语，并能按照指令做出相应动作。	
四年级	Unit 1 1. 结合本单元 We have a new classroom 英语歌曲巩固本单元所学的教室里面的物品和设施，感受音律之美，体会学习的乐趣。 2. 能够听说句型：What's in the ...? Where is ...? It's in/on/under/near the ... 并能在具体的情境中询问回答物品的位置。 3. 能根据身边的事物创编对话，学以致用。 4. 掌握 a-e 的发音规则并读出符合 a-e 发音规则的单词。 5. 养成爱护公共设施的习惯。 Unit 2 1. 能够听说句型：What's in your ...? What color is it? It's ... 并能够在情境中询问并回答某处有什么物品及物品的颜色。 2. 能够听说认读描述书包里物品的单词：schoolbag, maths book 等。学习教科书的名称及书写形式，了解教科书的重要性，爱护书本。 3. 能够掌握并读出符合 i-e 发音规则的单词。 4. 了解 School Lost & Found 的意思，并让学生说在哪个地方能看到这个标志。	Unit 1 1. 能够听说认读句型：It's on the second floor. Is this the teachers' office? No, it isn't. The teachers' office is next to the library. Is that the computer room? No, it isn't. Do you have a library? Yes, we do. Where is it? It's on the first/second floor. 并能够在情景中运用。 2. 能够正确使用以下单词描述教室里的物品、设施、教室、场馆及其大致位置：library, teachers' office, computer room, music room, art room, playground, first floor, second floor。 3. 能够掌握字母组合 er 的发音规则。 4. 可以用 Where's the ...? 了解学校房间教室的所在地，并帮助同学寻找教室。 Unit 2 1. 能够听、说、认读句型：What time is it? It's 9 o'clock. It's time for English class. It's time to go to school. It's time to ... 并能够在情景中运用句型。 2. 能够听、说、认读单词、词组和短语：music class, PE class, English class, breakfast, lunch, dinner, get up, go

(续表)

年级	上 学 期	下 学 期
	Unit 3 1. 能够听懂会说句型：What's his/her name? Who's he/she? He/she is... 并能在情境中询问并回答他人的姓名或身份。 2. 能够听说认读描述人物的性格或外貌特征的单词：strong, friendly 等。 3. 能够向同学简单地介绍自己朋友及特征。 4. 能够掌握并读出符合 o-e 发音规则的单词。通过展示单词，能正确读出单词的发音。 5. 能够听懂会唱 Friends。 6. 明确交友的原则。 Unit 4 1. 能够听、说、认读描述家里的居室及物品设施的单词：bedroom, living room, study 等。 2. 能够听懂会说句型：Is she in the...? Are they in the...? 并能够在情境中询问物品、人物的位置并做出相应判断。 3. 能够用所学的知识简单地描述家中的各个房间的名称、房中的陈列物品及位置。 4. 能够熟练地运用英语表演 A Let's talk & B Let's talk。 5. 掌握 u-e 发音规则，正确拼读单词。 Unit 5 1. 能够听懂会说句型：What's for dinner? What would you like (for...)? I'd like... 并能在情境中运用句型征求并表达用餐意愿和餐具使用情况。 2. 能够听、说、认读关于食物和餐具的单词：beef, chicken, chopsticks, bowl 等。	to school, go home, go to bed。 3. 能够掌握并读出符合 ir、ur 发音规则的单词。 4. 能用英语询问时间。 5. 通过学习可以区分名词和动词的区别，名词短语和动词短语的区别。 Unit 3 1. 能够听、说、认读句型：Can I go outside now? No, you can't. Can I have some soup? Yes, you can. What's the weather like in New York? It's rainy. 并能够在情景中运用句型。 2. 能够听、说、认读，并正确使用以下单词描述气候特征和天气情况 cool, cold, hot, warm, rainy, snowy, cloudy, sunny, windy。 3. 能够掌握并读出符合字母组合 ar、al 的发音规则的单词。 4. 能用英语询问天气。 Unit 4 1. 能够听、说、认读句型：Are these carrots? Yes, they are. No, they aren't. What are these/those? They're tomatoes/sheep. How many horses do you have? Seventeen. 并能够在情景中运用句型。 2. 能够听、说、认读，并正确使用以下单词及其复数形式来介绍各种农场动物及蔬菜：tomato, green been, potato, carrot, cow, hen, sheep, horse。能够掌握字母组合 or 的发音规则。 3. 可以了解农场里面的生活和里面的植物和动物。

第二章　教室是唤醒生命灵性的舞台　　35

(续表)

年级	上 学 期	下 学 期
	3. 能够掌握并读出符合-e 的发音规则的单词。 4. 了解东西方餐桌礼仪。 Unit 6 1. 能够听懂会说句型：How many people are there in your family? Is this your …？询问并回答某人与说话方的亲属关系及其职业情况。 2. 能够听说认读有关家庭成员和职业的单词或词组 parents, cousin, uncle, nurse 等。 3. 复习 1—5 单元 Let's spell 中的发音。 4. 了解东西方家庭成员的称呼。 5. 了解各种职业的艰辛，要尊重各个行业的工作人员。	Unit 5 1. 能够听、说、认读句型：Are these yours? Yes, they are. No, they aren't. Is this John's? Yes, it is. No, it isn't. It's Mike's. They're Chen Jie's. Whose coat is this? It's mine. Whose pants are those? They're your father's. 并能在情景中运用句型。 2. 能够听、说、认读衣物类单词：clothes, hat, skirt, pants, dress, coat, shirt, jacket, sweater, shorts, socks。能够掌握字母组合 le 的发音规则。 3. 能用英语询问衣服是谁的。 4. 通过学习可以了解名词性物主代词和名词所有格。 Unit 6 1. 能够听、说、认读句型：Can I help you? Yes. These shoes are nice. Can I try them on? Size 6，please. They're too small. How do you like this skirt? It's very pretty. How much is this skirt? It's $89,并能够在情景中运用句型。 2. 能够听、说、认读单词：gloves, scarf, umbrella, sunglasses, pretty, expensive, cheap, nice。 3. 能用英语询问物品的价格。
五年级	Unit 1 1. 能够听、说、读、写单词：old, young, funny, kind, strict, polite, hard-working, helpful, clever, shy 等形容词。 2. 能够在语境中使用有关人物性格或外貌的单词来描述人物性格和特征。 3. 能够在语境中运用这些单词询问并	Unit 1 1. 能够听、说、读、写有关日常作息活动的词组和句型，并能够在语境中理解词汇 finish class, go back to school 和 classes start 等。 2. 能掌握字母组合 cl、pl 在单词中的发音规则。 3. 能够按照正确的语音、语调、意群朗

(续表)

年级	上 学 期	下 学 期
	回答 Is he young/funny? Yes, he is. /No, he isn't. What's she like? She's kind. 等关于人物性格或外貌特征的问题,或运用这些单词描述人物性格或外貌特征。 4. 能够掌握字母-y 发音规则,及-y 在单词词尾发/i/。教会学生树立正确的审美观,避免以貌取人。 Unit 2 1. 能够掌握四会单词：Monday, Tuesday, Wednesday, Thursday, Friday,以及日常使用的动词短语 wash my clothes, watch TV, do homework, read books, play football,并能在句型中熟练运用。 2. 能够正确地听、说、读、写星期类单词和能力类词组,并用这些单词和词组描述自己的日常课程安排和周末生活。 3. 能够掌握句型 What do you have on Sundays? I have ... 来询问并回答某天的课程安排；并用 Do you often read books ...? Yes, I do. /No, I don't. 询问并回答经常从事的周末活动。 4. 能够掌握字母组合 ee 的发音规则,即 ee 发长元音/i:/,并能掌握 ee 在新单词中正确发音。 5. 能听懂、会唱歌曲 *Days of the week*,体验一周的快乐时光。 6. 形成热爱学习、珍惜时间的良好品质。生活中根据课程表合理安排日常活动。 Unit 3 1. 能够听、说、认读下列单词：	读对话,并能进行角色表演。 4. 能够在情景中运用句型 When do you finish class in the morning? We finish class at 1 o'clock. What do you do on the weekend? I often watch TV and play ping-pong with my father. 询问并回答某人的日常与周末安排。 5. 具有热爱学习和热爱生活的美好情感。 Unit 2 1. 能够听、说、读、写有关季节以及季节里典型活动的单词、词组和句型。 2. 能够掌握字母组合 br、gr 的发音规则,根据发音拼写出符合 br、gr 发音规则的单词。 3. 能在情境中运用句型 Which season do you like best? Winter. Because I like summer vacation. 4. 能运用句型 I like ... best, because ... 规范书写自己喜欢的季节及原因。 5. 了解全球气候的差异常识,在图片帮助下理解描述四季的短文。 Unit 3 1. 能听、说、读、写 12 个月份类单词和句型,并能够在情景中运用句型 When is the ...? It's in ... 询问并回答举行有关学校活动所在的月份。 2. 能够掌握字母组合 ch, sh 的发音规则,并能够根据发音拼写出符合 ch, sh 发音规则的单词。 3. 能够根据正确的语音、语调、意群朗读对话,并能进行角色表演。 4. 能感受到中西方的文化差异。

第二章　教室是唤醒生命灵性的舞台　37

(续表)

年级	上 学 期	下 学 期
	chicken, bread, rice, vegetable, water, orange, beef, noodles, tea。 2. 能够在模拟点餐对话中使用五个食物饮料类单词和词组，并能正确描述食物或饮品的味道及特征。 3. 能表演所学对话，和 What do you have for lunch? I have rice and chicken. 等句型，并在真实场景中运用所学语言进行真实交流和运用。 4. 能运用所学句型 What would you like to eat? I'd like some bread. 正确询问他们需要的饮料或食物,在对话交流中使学生养成用英语交流的习惯,培养良好的语音、语调和语感。 5. 能够掌握字母组合 ow 在单词中的发音规则,学习双元音/əʊ/。 6. 了解中西方饮食文化方面的差异,使学生养成健康饮食的习惯,坚持绿色生活。 Unit 4 1. 掌握四会单词和短语：cook the meals, water the flowers, sweep the floor, clean the bedroom, make the bed, wash the clothes, do the dishes. 2. 能够正确地运用能力类单词和词组。如：dance, sing English songs, do kungfu 等。 3. 能够在情境中运用句型 What can you do? I can ... Can you ...? Yes, I can. /No, I can't. 询问某人能否做某事并作答。 4. 能够掌握字母组合 oo 的发音规则。 5. 了解有中国特色的文娱活动形式,并	Unit 4 1. 能够听、说、读、写并能够在情景中运用核心句型：When is the Art show? It's on April 1st, When is your birthday? My birthday is on April 4th. 询问并回答节日的日期。 2. 能够掌握字母组合 th 的发音规则,并能够根据 th 的发音规则拼读和拼写单词。 3. 能够听、说、读、写序数词：first (1st), second (2nd), third (3rd), twelfth (12th)...并在语境中正确运用上述序数词表达节日的日期。 4. 能够在图片的帮助下理解日记,按照正确的语音、语调、意群朗读日记。 Unit 5 1. 能够听、说、读、写并能够在情景中运用句型：The yellow picture is mine. Are these all ours? Whose is it? It's Zhang Peng's. 询问和回答某物属于某人。 2. 能够掌握字母组合 ng、nk 的发音规则,并能够根据发音拼写出符合 ng、nk 发音规则的单词。 3. 能够运用核心句型 Is he drinking water? No, he isn't. He's eating. 询问并回答某人正在做某事。 4. 能够在语境中正确使用六个名词性物主代词：mine, yours, his, hers, theirs, ours; 现在分词：climbing, eating ...;词组：each other。 5. 具有爱护动物的意识。 Unit 6 1. 能够听、说、读、写并能够在情景中运用句型：What are they doing? They're

(续表)

年级	上 学 期	下 学 期
	能够积极地参与文娱活动,丰富自己的课余生活。 6. 树立自信心、养成讲究卫生、热爱劳动、乐于助人的好品质。 Unit 5 1. 能够正确使用五个家居物品类的单词和词组,以及五个表示相对位置关系的介词和介词词组来介绍自己的房间。 2. 能够在情境中正确使用 There is a... in/on/... There are... in/on/... 来描述某处有某物。 3. 掌握字母组合 ai/ ay 在单词中常见发音/ei/。 4. 提倡垃圾分类,增强环保意识,养成及时整理个人物品的习惯。 5. 能积极主动参与课堂活动,在情景对话中大胆开口,主动模仿。 Unit 6 1. 能运用自然景色类单词和句型介绍自然公园。 2. 能够在情景中运用句型 Is there...? Yes, there is. /No, there isn't. Are there any...? Yes, there are. /No there aren't。询问某处是否有某物并回答。 3. 能够掌握字母组合 ou 的发音规则;了解一些环保常识,亲近自然,热爱自然。	eating lunch. 询问并回答某人是否正在做某事。 2. 能够逐步做到见到符合 wh 发音规则的单词能拼读,听到符合 wh 发音规律的单词能拼写。 3. 能够听、说、读、写五个动词词组的现在分词:doing morning exercises, having class... 和有关行为规范的词组:keep to the right... 4. 能够在情景中运用句型 Talk quietly. Keep your desk clean. Take turns. Keep to the right. Work quietly. 5. 具有规则意识。

综上所述,我校"灵动英语"课程的实施依据课程目标制定,英语课程要实现培养学生的核心素养的目标,具体包括语言能力、文化意识、思维品质和学习能力等方面的培养。

第三节　阅读拓展激发儿童生长

为了实现上述课程目标，依据《义务教育英语课程标准(2022年版)》并结合教育部审定的 PEP 小学英语教材，我校在制定"灵动英语"课程时，一方面从学生实际出发，一方面基于教材内容，呈阶梯状开设 70 余种具体的英语课程。

一、学科课程结构

英语课程的学习主要是学生通过学习理解、实践应用、迁移创新等活动，推动学生核心素养在义务教育全程中持续发展。这些能力主要包括语言能力、文化知识、语言技能和学习策略。[①]

"灵动英语"课程从听说读写、文化探究与学习实践出发，分为"灵动视听""灵动表达""灵动阅读""灵动文化"四个板块。以下是"灵动英语"课程结构图(见图 2-1)。

图 2-1　"灵动英语"课程结构图

[①] 中华人民共和国教育部. 义务教育英语课程标准(2022年版)[S]. 北京:北京师范大学出版社,2022:13—33.

上图中各板块课程具体表述如下：

"灵动视听"主要包括动物之声、七彩之音、音乐之声、耳闻目见等课程，通过观看影视作品，聆听英文歌谣、英文歌曲等形式培养学生的听力和表达能力。

"灵动表达"主要包括我型我秀、最佳解说、超能记忆等课程，通过多种形式的训练使学生熟练掌握常规句型和常见的四会单词。

"灵动阅读"主要包括动物世界、魔法教室、故事绘等课程，其目的是通过多种形式的阅读如绘本阅读、趣味故事表演等激发学生阅读兴趣，培养学生阅读素养。

"灵动文化"主要包括舌尖上的世界、舌尖上的中国、英美达人秀等课程，通过比较东西方文化差异，让学生感受英语文化氛围，陶冶英语文化情操。

二、学科课程设置

依据灵动英语学科课程理念，按照分级、分类、循序渐进的原则，设置了四大类、70余种课程（见表2-2）。

表2-2 "灵动英语"课程设置表

年级	课程名称	灵动视听	灵动表达	灵动阅读	灵动文化
三年级	上期	动物之声 七彩之音 耳闻目见	书写达人 模仿秀 能说会道	动物世界 故事绘 书香浅茗 英语拾贝	舌尖上的中国 小鬼当家 环球之旅
	下期	声临其境 韵律之声 我是歌手	奔跑吧，单词 错音纠察队 全民脱口秀	超越吧，少年 我是故事家 绘本之约	英美达人秀 环保达人 节目大放送
四年级	上期	音乐之声 通话在线 遇见知音	我型我秀 最佳解说 童言有计	梦想之家 魔法教室 城市厨房	一封家书 一席之地 寻味之旅
	下期	最佳记忆 天使之音 音动我心	童声故事汇 小小演说家 我秀我事	快乐阅读 小小朗读者 冒险王	舌尖上的世界 发现之旅 远方的美

(续表)

年级\课程名称		灵动视听	灵动表达	灵动阅读	灵动文化
五年级	上期	聆听之美 假期剧场	超能记忆 说唱 show 才能大比拼	Email 风波 Nature scenery 美食书吧	自然宝藏 健康之路 走进大自然 舌尖上的中国
	下期	播音之家 Phonics reading 小诗人	四季之书 A time table Wrap it up	最美日记 Story telling	节日大放送 Lucky match 文明之星
六年级	上期	我不是明星 梦想的声音	计划达人 Talk show 模仿秀	假日计划 Dream job	环球视线 传统习俗
	下期	美语达人 今日资讯 周末大剧院	talk show English theatre 挑战主持人 非凡搭档	story time 魔法句型 handwriting time	环球达人 meet the world travel time

以上课程的设置,最大限度开发了学校资源、教师资源和学生资源,在阅读中拓展了儿童知识空间,激发了儿童生长机能;在课程中给学生搭建开阔视野的平台,提高学生的积极性;在教室中发现学生的灵性,促进了学生核心素养的提升。

第四节　应用实践回归儿童天性

义务教育阶段的英语课程力求面向全体儿童,促进儿童整体核心素养的提高。教师应在教学中综合考虑语言能力、文化意识、思维品质、学习能力,根据儿童的发展状况,整体规划各个阶段的教学任务,有效整合课程资源,优化课堂教学,培养儿童的核心素养,为儿童的可持续发展奠定基础。教师还应不断提高自身的专业化水平,努力适应英语课程对教师提出新的要求。课堂教学是把课程标准的理念和要求落实到课堂教学实践的核心环节,是课程理念在教学中得以实施的关键。按照课程标准进行教学,是有效实施课程标准的重要保证。义务教育英语课程以培养学生核心素养为课程总体目标,义务教育英语教学要做到:学生通过课程学习逐步形成适应个人终身发展和社会发展的正确价值观、必备品格和关键能力。对教学而言,达到义务教育英语课程的教学要求,必然要求开展有效教学,而有效的教学,要求根据学生的发展状况,整体规划各个阶段的教学任务,有效整合课程资源,优化课堂教学。对学生而言,有效教学的目标是促进学生的有效学习,而有效学习则要求培养学生的核心素养,为学生的可持续发展奠定基础。对教师而言,学生的综合语言运用能力,需要教师的示范和引导。教师的核心素养是教师培养学生的核心素养的前提。教师应不断提高自身的专业化教学水平和综合语言运用能力,努力适应英语课程对教师提出的新要求,以此引导学生核心素养的提升。

一、打造"灵动课堂",彰显语言魅力

"灵动课堂"指的是在教学中坚持以儿童为主体,以情境创设为基准,以儿童兴趣为出发点,关注儿童过程性评价,聚焦儿童核心素养。"灵动课堂"坚持真实、生成和智慧,建设符合我校英语学科实际的"灵动英语"课程,其主要包括实施和评价两个方面。

（一）"灵动课堂"的实施

"灵动课堂"的实施，要求我们坚持以课堂教学为主阵地，以观课评课为抓手，以学生需求为突破口，坚持丰富、真实、互动、生成、智慧，朝着"灵动"的核心目标有条不紊地推进。"灵动课堂"的实施策略如下：

教师教学方法多样性。兴趣是最好的老师，因此，教师在开展课堂教学时，要充分了解儿童，充分做好教材及教法的准备，要摒弃以往满堂灌的思想，要走进儿童、了解儿童，多采用儿童喜闻乐见、易于接受的教学方法，选择方法时更要和教材内容保持高度一致，对于直观类的内容可以采用直观教学法，如讲授 My school，My classroom 等知识时就可以采用直观教学。对于抽象类的可以采用多媒体辅助教学等。

教学内容丰富。PEP 小学英语教材面向全国发行，在使用过程中，教师要因地制宜，适当地增加符合学生发展和学生实际需求的教学素材。如在教授五年级上册 Unit4 *What can you do?* 时可以结合学校的武术特色，将 do kongfu 扩展为具体的武术动作等。

师生双边互动真实、有效。义务教育英语课程标准指出，要促进学生核心素养的提升。因此，在开展课堂教学时，教师要创设具体的语言环境，设置不同层次的任务，让学生在任务中进行有效的小组合作及展演，教师还要对其表现进行针对性的指导和评价。

教学情境创设贴近生活实际。教学来源于生活。教师在创设教学情境时要结合学生年龄特点和学校实际情况，尽可能地创设贴近学生生活实际的情境。例如在学习六年级上册 Unit1 *How can I get there?* 时，可以融入郑州地铁、公交、共享单车等生活场景，学习四年级下册 Unit4 *At the farm* 时可以和学生的社会实践相结合，创设逼真的教学情境，让学生在真实的语境中感知英语、应用英语。

（二）"灵动课堂"的评价标准

依据我校的"七彩课堂"的意涵，我们结合英语学科特点，设计了符合"灵动英语"内涵的"灵动课堂"评价量表，以量化的方式对课堂进行评价（见表2-3）。

表2-3 "灵动课堂"评价量表

项目	分值	评价指标	权重	得分
智慧与素养	20分	1. 学科知识扎实，能满足教材发展的需要。	5	
		2. 教态亲切、自然，语言准确流畅、有感染力，书写规范，板书合理有效。用英语流畅得体地组织教学。	5	
		3. 有较强的课堂教学组织能力，能较好地调控课堂节奏，处理课堂变化。	5	
		4. 能根据教学内容充分开发、合理组织教学资源；能根据教材内容，合理使用实物、图片、挂图等直观教具，恰当运用多媒体进行教学。	5	
目标与理念	10分	5. 在教学过程中落实课程标准的"三维目标"。	3	
		6. 目标明确具体，符合教学要求和学生实际。	3	
		7. 注重综合语言运用能力和创新意识的培养，激发学生的兴趣和求知欲。	4	
内容与组织	30分	8. 较好地体现课程标准要求和教材主旨。教学设计合理，层次分明，各环节之间的连接自然流畅。	15	
		9. 内容组织严密，知识容量和密度适中，深浅有度，层次清晰，重点突出，难点突破。 内容适当延伸，适合学生生活经历、兴趣、知识和技能的水平。	15	
方法与过程	30分	10. 激发学生的兴趣，引发学生思考，培养学习习惯，指导学习方法。	10	
		11. 教学程序安排科学，衔接自然，课堂结构合理，学生自主学习得到体现。	10	
		12. 教学活动形式多样、实用，过程与目标吻合。	10	
效果与评价	10分	13. 能用多种方法评价学生，恰当有效地鼓励和肯定学生的思维。	4	
		14. 能指导学生进行自评和互评，能给学生创设二次评价的机会，帮助学生认识自我，建立信心。	3	
		15. 关注学生课堂感受，及时帮助学生认识和校正错误。	4	
总体评价				

二、创设"灵动社团",实施英语七彩走班

"灵动社团"主要是将学校英语学科的七彩走班进行有效整合,并在其基础上培养"合格+特长"的爱好英语的七彩少年。具体做法是以每周四下午的七彩走班为依托,在三至六年级学生中开展社团课程。每个年级一个主题,每个年级一种形式,四年下来,形成循环,从说唱歌曲入手到综合表达,涵盖语音、词汇、语法、语篇和语用知识,培养学生的核心素养。

(一)"灵动社团"的实施

英语学科根据年级的设置,从三年级到六年级,设置不同种类的社团。

三年级开设的社团是"我是歌手",主要是学唱英文歌曲和童谣;四年级开设的社团是"达人 club",主要是模仿秀、书写达人;五年级开设的社团是"DIY 剧场",主要是通过剧本的学习让学生进行角色扮演以及 Act out;六年级开设的社团是"配音恰恰恰",主要是让学生观看英文电影并进行电影配音和电影对白。

(二)"灵动社团"的评价

评价是确保"灵动社团"实施最好的催化剂。一门课程没有评价,其有效性、价值性必将受到影响。我们依据"多元、自主、激励"的原则,探索了一套立体式的评价方式。

过程性评价:设计了灵动社团课程过程性评价手册,分自我评价、同学互评、教师评价。

展示性评价:分动态展示和静态展示,一是通过学校宣传橱窗或班级文化墙等形式进行阶段展示教师和学生的活动成果,如英文画报、英语手抄报等;二是集中展示,学期末在学校一楼大厅展示社团课程静态成果,如服装秀、英文节日贺卡等;三是利用期末总结表彰大会、学校大型活动,如六一儿童节文艺汇演、元旦联欢活动等,向家长及社会展示社团课程动态成果,如配音展播、剧本再现等。

三、实施"灵动整合",做活学科整合

课程的发展不是孤立的,各个学科间是有交叉和相通的,因此,英语教师深挖教材,在课程实施过程中,广泛寻求与其他学科相同之处,大力开展"灵动拓展"。"灵动拓展"就是在开展"灵动英语"课程的同时,英语学科组的教师深挖教材,研读课标,将英语学科和语文、音乐、艺术等学科相融合,将课内和课外相整合,将国

内与国际相结合,在实施过程中不断积累经验,并不断推进课程发展。

(一)"灵动整合"的实施

注重与语文学科的整合。英语和语文都属于语言学科,都具有工具性和人文性双重特点。在开展英语教学时,尤其要注意将文化差异和文化习惯作为重中之重,渗透德育和美育思想。譬如在给五年级讲授节日时,把西方节日和中国传统节日进行对比教学;讲授 food and drink 时,把东西方饮食文化作为素材,让学生深刻领悟;讲授家庭成员时,表述中国和西方国家对家庭成员称呼的不同表达。

注重与艺体学科的整合。英语学科要求培养学生的动手、动口和实践能力,这一点和艺体学科的目标是一致的。在开展英语课堂教学时,有意识地将二者有机结合起来是英语组教师一直坚持不懈的追求。讲授有关西方节日的专题时,可以组织学生撰写英语手抄报、英语画报等;讲授相关动作表达时,可以和奥林匹克运动会的精神相联系,引导学生学习运动健儿刻苦、坚韧的竞技精神。

注重与音乐学科的整合。英语学科课程标准中明确指出要培养学生良好的审美情趣和创造美的能力。英语学科中还出现了大量的律动英语如 Let's sing, Let's chant, Let's do 等,而这些律动都是和音乐密不可分的。教授律动时,教师还可以根据学生耳熟能详的中文旋律改编英文律动,譬如利用中文歌曲《新年好》的旋律改编英文对话、英文对白等;讲授 Story time 时还可以用影视欣赏的形式,把对白或文本通过唱词等方式表达出来。

(二)"灵动整合"的评价

为了使学科整合开展得扎实、有效,学科组从目标确定、目标达成、整合策略、实施过程四个方面对学科整合进行评价。具体评价标准如下(见表 2-4):

表 2-4 "灵动整合"评价表

评价项目	评 价 要 求	评价得分
目标确定	准确　　　　30 分 比较准确　25—29 分 基本准确　18—24 分 不准确　　0—17 分	

(续表)

评价项目	评 价 要 求		评价得分
目标达成	好 较好 一般 差	20分 15—19分 8—14分 0—7分	
整合策略	优秀 良好 一般 差	30分 25—29分 18—24分 0—17分	
实施过程	丰富 比较丰富 一般 差	20分 15—19分 8—14分 0—7分	

四、设计"灵动英语节日",提升英语学习氛围

"灵动英语节日"主要指的是学校每年坚持开展的最佳手抄报、最美黑板报、最炫手写风、最甜英歌、最酷英文剧等节日活动,切实做到"立德树人",使全体学生参与其中,在丰富的活动体验中发现美,感受美,创造美,发展个性特长。

（一）"灵动英语节日"的活动设计

通过举行"灵动英语节日"以及主题展演的形式对英语课程中出现的节日活动进行实施,在实施过程中学生以动态表演、制作英文手抄报、观看节日电影等形式学习优秀的英语节日。在每个学年的上学期主要开展读写类的节日活动,具体到年级是三、四年级开展最美黑板报（手抄板）、最炫手写风暨英文书写大赛等活动,五、六年级开展最佳美语、最美读书声等朗读比赛。下学期主要开展听说类的节日活动,具体到年级是三、四年级开展最甜英文歌谣、最甜英文歌曲等比赛,五、六年级主要开展最纯英语配音、最酷英文戏剧等活动。

（二）"灵动英语节日"的评价

"灵动英语节日"评价的过程中,全体师生共同参与评价,制定了"灵动英语节日"评价表,对每个节日活动的方案设计、活动情况、活动效果、后期管理进行评价（见表2-5）。

表2-5 "灵动英语节日"评价表

评价内容	评价标准	星级评价
方案设计	主题鲜明,有良好的教育意义;创意新颖,符合学生身心发展特点;形式多元,打破时空、教材界限。	☆☆☆☆☆
活动情况	学生主体,学生充分展现自我;团队合作,群体共同解决问题;师生互动,师生共同完成活动课程。	☆☆☆☆☆
活动效果	实践体验,在体验中完成课程;乐享活动,师生活动兴致高昂;收获良多,学生收获丰富。	☆☆☆☆☆
后期管理	及时总结,师生共同总结课程活动情况;记录反思,回看课程所达到的效能;形成经验,为今后此类课程积累经验。	☆☆☆☆☆
总评	☆☆☆☆☆	

五、倡导"灵动小组",促进学习方式改变

"灵动小组"主要指的是按照学生的学业基础、学习能力、个性特点、性别、家庭情况等变量对全班学生进行分组,让不同特质、不同层次的学生进行优化组合,使每个小组都有高、中、低三个层次的学生。

(一)"灵动小组"的实施

第一步选择适当的小组长,这是创建灵动学习小组的关键。第二步合理分配组员,这是组建灵动学习小组的重要环节。分配组员时要考虑到学生性别、性格的差异以及学习程度的优劣等,要做到男女搭配、优差互补。第三步座位安排和编号,可以采用4人或6人一组按照自然顺序或英文顺序进行编排。第四步小组内结对子,组内成员可以根据学习程度进行自由组合,组成帮扶对子。第五步建章立制,组内事务分工,起组名、写组训等,全体组员统一讨论、统一制定。第六步制定小组学习计划。

(二)"灵动小组"的评价

课堂评价主要通过认星争优的形式进行,根据学生课堂表现情况分别奖励给不同数量的星徽。学生个人每获一枚星徽,到小组长处登记"正字",每一枚记一画;小组每获一枚星徽由小组长在小组评价表上记一画,并给每个小组成员记一画;小组长的获奖情况由课代表记录。

课堂评价结果采取每周一小结,每月一讲评,统一公布于教室后面的黑板上。主要统计课堂表现突出的学生、优秀小组、优秀小组长及优秀科代表。

对学生表现的月评价主要由英语教师同班主任对本班学生在月内的表现进行汇总,并统一对获奖学生进行奖励和张榜公布。同时,英语教师对课堂表现欠佳的学生进行家访和心理疏导。

教师对小组成员的评价。在课堂上,教师当堂为发言积极、讲解表达优秀、进步明显的学生赠星徽表彰。学生课后凭星徽到小组处登记,并将星徽交由组长保管。

教师对小组的评价。一堂课结束,教师当堂为表现优秀的小组颁发星徽,由小组长保管星徽并如实记录,同时在表中给小组每个成员加记一画。

教师对小组长的评价。一堂课结束,教师当堂为表现优秀的小组长颁发星徽,一周结束,小组长凭星徽到班主任处登记。

惩戒性评价。凡上课违纪、侮辱性评价、交流讨论时说其他的、不参与小组讨论、不听从组长安排、不完成作业、抄袭作业等不良行为,均进行扣星惩戒。

综上所述,学科课程的开发和实施离不开教师,学校课程研发团队集中思想,群策群力,依据"让儿童在交际中灵动起来"的学科理念,遵循循序渐进、呈阶梯状设置的课程安排,统一认识,统一行动。大家集中备课、研讨,集中撰写教学方案和课时计划,明确"灵动英语"真实、生成、智慧的价值观,以课堂教学为主阵地,确保"灵动英语"课程落地。

(撰稿者:闫平玉　王江琳　王桂花　于萌萌　包金鑫　李媛媛)

第三章
教室是激发思维和想象的空间

　　教室是一个充满智慧和想象的立体空间。教室的学习场景需要释放学生的想象力,需要赋予儿童自由配置空间的权利,从空间角度让儿童角色翻转,主动思考解决问题,通过排列组合、小组合作、头脑风暴、自由学习等教学场景拓宽儿童思维。教室的学习场景应遵循儿童成长规律,尊重儿童认知水平,在活动中激发儿童的想象力,使之绽放思维的精彩。

创新街紫荆小学数学组师资队伍优良，结构合理，现有教师48名。这是一个蓬勃向上、积极进取、不断开拓、求实创新的团队。他们以校为家，精于业务，勤于研究，敢于创新。在课程改革的不断探索、前行中，数学教师团队持续深入开展教学研究，依据教育部《关于全面深化课程改革落实立德树人根本任务的意见》和《义务教育数学课程标准（2022年版）》，制定出"尚思数学"课程建设方案，推动了学校数学课程品质的提升。

第一节　积极探索发现思维核心

一、学科性质观

《义务教育数学课程标准（2022年版）》中指出："数学是研究数量关系和空间形式的科学。数学源于对现实世界的抽象，通过对数量和数量关系、图形和图形关系的抽象，得到数学的研究对象及其关系；基于抽象结构，通过对研究对象的符号运算、形式推理、模型构建等，形成数学的结论和方法，帮助人们认识、理解和表达现实世界的本质、关系和规律。数学不仅是运算和推理的工具，还是表达和交流的语言。数学承载着思想和文化，是人类文明的重要组成部分。数学是自然科学的重要基础，在社会科学中发挥着越来越重要的作用。""义务教育数学课程具有基础性、普及性和发展性。学生通过数学课程的学习，掌握适应现代生活及进一步学习必备的基础知识和基本技能、基本思想和基本活动经验；激发学习数学的兴趣，养成独立思考的习惯和合作交流的意愿；发展实践能力和创新精神，形成和发展核心素养，增强社会责任感，树立正确的世界观、人生观、价值观。"[1]

我们认为，数学和社会百科紧密相连，大千世界中，万事万物的存在和发展都需要以数学为基础，教师要引导学生用数学的眼光，数学的思维观察和思考世界。

二、学科课程理念

《义务教育数学课程标准（2022年版）》指出："数学教学活动，特别是课堂教学应激发学生兴趣，调动学生积极性，引发学生的数学思考，鼓励学生的创造性思维。"[2]基于以上思考，我们提出了"尚思数学"学科课程的核心理念。

---

[1] 中华人民共和国教育部. 义务教育数学课程标准(2022年版)[S]. 北京:北京师范大学出版社,2022: 1.

[2] 中华人民共和国教育部. 义务教育数学课程标准(2022年版)[S]. 北京:北京师范大学出版社,2022: 3.

（一）尚本，培思之根——基于儿童主体的立场

尚本，即恪守以儿童为本，此谓尚思数学的根本和出发点。《义务教育数学课程标准(2022年版)》中指出："义务教育数学课程以习近平新时代中国特色社会主义思想为指导，落实立德树人根本任务，致力于实现义务教育阶段的培养目标，使得人人都能获得良好的数学教育，不同的人在数学上得到不同的发展，逐步形成适应终身发展需要的核心素养。"[①]"尚思数学"以儿童为本，充分考虑和尊重儿童，运用知识迁移、同化等认知规律，强调课程实施源于儿童生活、贴近儿童实际，并有利于儿童体验理解与探索；在教学活动中以儿童为主体，以儿童认知发展水平和已有经验为基础，关注个体差异，激发儿童兴趣，力求让儿童的学习过程生动主动而富有个性，使每个儿童充分地发展；评价中既关注学习的结果和水平，也重视儿童的情感态度，帮助儿童认识自我建立信心，适应儿童个性发展的需要。

（二）尚核，凝思之魂——指向核心素养的目标

尚核，即聚焦核心素养，突出学科本质，此谓"尚思数学"的灵魂。《义务教育数学课程标准(2022年版)》强调，在数学课程中应当注重发展儿童的数感、量感、符号意识、运算能力、几何直观、空间观念、推理意识、数据意识、模型意识、应用意识、创新意识。为适应时代发展对人才培养的需求，数学课程还要特别注重发展儿童的应用意识和创新意识。经过研究提炼和整合，"尚思数学"将课程总体目标确定为培养数感、量感、符号意识、运算能力、几何直观、空间观念、推理意识、数据意识、模型意识、应用意识、创新意识十一大核心素养，引导儿童培育数学的理性精神与严谨态度，会用数学的眼光观察现实世界，会用数学的思维思考现实世界，会用数学的语言表达现实世界。

（三）尚理，通思之径——促进思维绽放的方法

尚理，即倡导理性精神关照下的教与学，此谓"尚思数学"实施的途径。数学是人类理性思维的重要方式，《义务教育数学课程标准(2022年版)》指出："通过义务教育阶段的数学学习，学生逐步会用数学的眼光观察现实世界，会用数学的思维思考现实世界，会用数学的语言表达现实世界（简称'三会'）。"[②]"尚思数学"从

---

① 中华人民共和国教育部. 义务教育数学课程标准(2022年版)[S]. 北京:北京师范大学出版社,2022:2.
② 中华人民共和国教育部. 义务教育数学课程标准(2022年版)[S]. 北京:北京师范大学出版社,2022:11.

实践主体(教师)和能动主体(儿童)两个维度出发,主张教师从生活中提炼出数学问题、数学模型,运用数学的思维与策略,结合课标深度解读教材、创新设计预案、精妙创设情境、生动呈现内容、精心组织活动、智慧引领探究、启迪多维思考、精准归纳升华,促进儿童数学思维乃至数学素养的生长与发展。倡导作为能动主体的儿童用数学语言和符号作为思维的载体,对数学知识进行探索与发现,注重启发儿童独立思考,鼓励儿童交流表达,引导儿童会用准确、清晰、富有逻辑的语言表达自己的思考。在独立思考、交流碰撞中拓宽儿童的思路,培养其思维的灵活性、逻辑性和条理性,让儿童以更理性的眼光去思考数学问题,领悟数学思想,让思维绽放精彩。

(四)尚美,闪思之光——整合多重元素加以呈现

尚美,在理性追寻中感悟美好,此谓"尚思数学"理性光芒的多重交织与映射。因此我们在课程实施中对教育元素进一步整合,关注自我学习,"以学习为中心",以问题为导向,以任务为驱动,培养儿童的学习能力、思维能力、操作能力、创新能力。注重交流与碰撞,在合作探究过程中经历猜想、假设、计划、实施、交流、解释等活动,提升儿童数学思维的应用,感受数学的美好。正如华罗庚先生所说:"就数学本身而言,是壮丽多彩,千姿百态,引人入胜的。"数学美是科学美的核心,是数学中奇妙的有规律的让人愉悦的美的东西。《东京赋》中写道:"得闻先生之余论,则大庭氏何以尚兹?"这里的"尚"是指超过、高出,数学不只是数字与符号的堆砌,更是一种"美"的表现,数学中所表现出的简洁性、和谐性、统一性、奇异性、对称性、艺术性等皆为数学的"美"。

总之,"尚思数学"是以儿童为本,致力于儿童核心素养发展的课程,儿童在数学思辨中将知识转化为能力,在理性探索中感悟数学的魅力,在学习碰撞中绽放思维的精彩。

第二节　创新共生体验数学之美

《义务教育数学课程标准(2022年版)》提出的课程目标是:"通过义务教育阶段的数学学习,儿童能够:获得适应未来生活和进一步发展所必需的数学基础知识、基本技能、基本思想、基本活动经验;体会数学知识之间、数学与其他学科之间、数学与生活之间的联系,在探索真实情境所蕴含的关系中,发现问题和提出问题,运用数学和其他学科的知识与方法分析问题和解决问题;对数学具有好奇心和求知欲,了解数学的价值,欣赏数学美,提高学习数学的兴趣,建立学好数学的信心,养成良好的学习习惯,形成质疑问难、自我反思和勇于探索的科学精神。"[1]

一、学科课程总体目标

为实现《义务教育数学课标(2022年版)》对小学阶段数学教育的目标要求,提高儿童的数学素养,结合我校儿童的实际情况,我们提出"尚思数学"学科课程总目标,并从核心知识目标、思维方法目标、关键能力目标、学科品格目标四方面进行阐述。

(一)核心知识目标

让儿童经历将一些实际问题抽象为数与代数问题的过程,掌握数与代数的基础知识和基本技能,并能解决简单的问题。

让儿童经历探究物体与图形的形状、大小、位置关系和变换的过程,掌握空间与图形的基础知识和基本技能,并能解决简单的问题。

让儿童经历提出问题、收集和处理数据、作出决策和预测的过程,掌握统计与概率的基础知识和基本技能,并能解决简单的问题。

---

[1] 中华人民共和国教育部.义务教育数学课程标准(2022年版)[S].北京:北京师范大学出版社,2022:11.

（二）思维方法目标

让儿童经历运用数学符号和图形描述现实世界的过程，初步建立数感和符号感，发展抽象思维。

丰富儿童对现实空间及图形的认识，初步建立空间观念，发展形象思维。

让儿童经历运用数据描述信息、做出推断的过程，发展统计观念。

让儿童经历观察、实验、猜想、证明等数学活动过程，发展合情推理能力和初步的演绎推理能力、能有条理地、清晰地阐述自己的观点。

（三）关键能力目标

初步学会从数学的角度提出问题、理解问题，并能综合运用所学的知识和技能解决问题，发展应用意识。

形成解决问题的基本策略，体验解决问题时策略的多样性，从而发展实践能力与创新精神。

学会与人合作，并能与他人交流思维的过程和结果。

初步形成评价与反思的意识。

（四）学科品格目标

能积极参与数学学习活动，对数学有好奇心与求知欲。

在数学学习活动中获得成功的体验，锻炼克服困难的意志，建立自信心。

初步认识数学与人类生活的密切联系及对人类历史发展的作用，体验数学活动充满的探索与创造，感受数学的严谨性以及数学结论的确定性。

形成实事求是的态度以及进行质疑和独立思考的习惯。

"尚思数学"总体目标中，以上四个方面密切联系、相互交融，为儿童的全面发展奠定基础。

二、学科课程年段目标

依据《义务教育数学课程标准（2022年版）》，在课程总目标的基础上，学校根据儿童的年龄特点，进一步细化课程年级目标，以一至三年级为例，具体如下（见表3-1）。

表3-1 "尚思数学"课程目标表

年级		上学期目标		下学期目标
一年级	第一单元	1. 通过数数活动,初步学会数出个数在10以内的物体或人,初步学会口头用1至10个数表示相应物体的个数。 2. 在数数的过程中,初步感受分类、一一对应等数学方法,感受用"数"描述现实生活问题的重要性和独特性。 3. 激发兴趣,初步感受数学与生活的联系,产生喜欢数学的积极情感。	第一单元	1. 直观认识长方形、正方形、平行四边形、三角形和圆等平面图形,能够辨认和区分这些图形。 2. 通过拼、摆、画、折等活动,直观感受平面图形的特征。 3. 通过观察、操作,直观感受所学平面图形的特征。 4. 养成初步的观察能力、动手操作能力,同时感受图形与日常生活的密切联系,并学会从数学的角度去观察周围的世界。
	第二单元	1. 联系生活经验,初步认识长短、高矮、轻重的含义,体会比较长短、高矮、轻重的一般方法,初步学会比较物体之间的长短、高矮和轻重。 2. 通过经历比较的活动,初步建立长短、高矮、轻重的观念,培养初步的观察、判断和推理能力。 3. 初步感受比较的意义和价值,感受日常生活现象与数学的联系,初步培养用数学眼光和数学方式观察和分析日常生活现象的意识。	第二单元	1. 能借助操作、画图等方式,理解20以内退位减法的算理,掌握20以内退位减法的基本方法,能熟练、准确地口算20以内的退位减法。 2. 学会用加法和减法解决简单的实际问题。 3. 通过数学学习,学会与他人合作与交流,体验数学与日常生活的密切联系,感受数学在日常生活中的作用。
	第三单元	1. 能认、读、写5以内各数,能够工整地书写,会用5以内各数表示物体的个数,会区分几个和第几个。 2. 掌握5以内数的顺序和各数的组成。 3. 认识符号">""<""=",能用词语(大于、小于、等于)来描	第三单元	1. 能够根据给定的标准或自己选定的标准进行分类,体验分类结果在单一标准下的一致性和不同标准下的多样性。 2. 经历简单的数据整理过程,能够用自己的方式(文字、图画、表格等)呈现分类的结果。 3. 能够对数据进行简单的分析,

(续表)

年级		上学期目标		下学期目标
		述5以内数的大小。 4. 初步知道加减法的含义,会用自己理解的方法口算5以内的加减法。 5. 能运用5以内各数表示日常生活中的一些事物,初步建立数感,运用数学来表示生活中的事物并进行交流。		并能根据数据提出简单的问题。
	第四单元	1. 直观认识长方体、正方体、圆柱和球等立体图形与长方形、正方形、三角形和圆等平面图形,能够辨认和区别这些图形。 2. 通过摆、画各种图形,直观感受各种图形和特征。 3. 培养初步的观察能力、动手操作能力和用数学交流的能力。 4. 初步感受数学与实际生活的联系。 5. 在愉悦的氛围中激发儿童的学习兴趣,培养儿童合作、探究和创新意识,初步建立空间观念。	第四单元	1. 能够正确地数出100以内的物体的个数,知道这些数是由几个十和几个一组成的,掌握100以内数的顺序,会比较100以内数的大小。 2. 知道个位和十位的意义,能够正确、熟练地读、写100以内的数。 3. 结合数的认识,会计算整十数加一位数和相应的减法。 4. 结合具体事物,感受100以内数的意义,会用100以内的数表示日常生活中的事物,并进行简单的估计和交流,逐步培养数感。
	第五单元	1. 能熟练地数出6—10各数,会读、会写这些数,并会用这些数表示物体的个数或事物的顺序和位置。 2. 掌握6—10数顺序,会比较它们的大小,熟练地掌握10以内各数的组成。 3. 进一步认识">""<""="的含义,知道用这些符号来表示数的大小。 4. 比较熟练地口算10以内的加、减法。	第五单元	1. 认识人民币的单位有元、角、分,知道1元＝10角,1角＝10分。 2. 认识各种常用面值的人民币,了解各种面值人民币之间的关系,并会进行简单的计算。 3. 通过购物活动,初步体会人民币在社会生活、商品交换中的作用,感受"元"是人民币单位中最常用的主要单位,初步了解简单的货币文化,并知道爱护人民币。

(续表)

年级		上学期目标		下学期目标
		5. 比较熟练地进行10以内的连加、连减和加减混合计算。 6. 能够用10以内的加减法解决生活中的简单问题,初步感受数学与日常生活的密切联系,体验学数学、用数学的乐趣。		
	第六单元	1. 能正确地数出数量在11到20的物体个数,知道这些数据的组成,掌握20以内数的顺序和大小。 2. 初步认识"十位""个位",初步了解十进制,能够正确迅速地读写11到20各数,能够熟练地口算10加几和相应的减法。 3. 通过看图数数,初步培养儿童有序观察、分类观察等良好的观察习惯。 4. 通过观察、操作等活动,经历与他人合作、交流的过程,培养合作交流的意识和主动探索发现问题的能力。	第六单元	1. 借助小棒、计数器等直观学具的操作,理解100以内加法和减法口算的算理,能口算100以内整十数加、减整十数和两位数加、减一位数和整十数的试题。 2. 认识小括号,能口算含有小括号的两步加、减混合运算。 3. 学会用已有的知识解决数目比较大的同数连加、连减同数的实际问题。 4. 通过数学学习,感受100以内的加、减法和20以内的加、减法有着密切的联系,体会数学的价值。
	第七单元	1. 初步认识钟面,认识时针和分针。 2. 结合生活经验,会看、会写钟表和电子表上整时和半时的时刻。 3. 培养初步的观察、分析、推理的能力。 4. 初步建立时间观念,从小养成珍惜和遵守时间的良好习惯。	第七单元	1. 通过观察、实验、猜测等活动,发现图形或数字排列的简单规律,理解规律的含义并能描述和表示规律,同时会根据发现的规律进行推理,确定后续图形或数字的排列方式。 2. 在发现规律、描述和表示规律以及简单应用规律的过程中,培养初步的观察能力、数学表征能力和推理能力。 3. 感受规律在生活中的广泛应用,初步培养欣赏数学规律美的意识。

(续表)

年级		上学期目标		下学期目标
二年级	第八单元	1. 能够比较熟练地口算20以内的进位加法。 2. 初步学会用加法和减法解决简单的问题,提高用数学的能力。 3. 通过数学学习,初步体验数学来源于生活、又服务于生活,真切感受数学在日常生活中的作用。		
	第一单元	共同要求: 1. 通过自主探索、合作交流得出使用统一长度单位的必要性。 2. 初步学会用尺子测量物体长度的方法。 3. 认识长度单位厘米和米,知道米和厘米的长度关系。 4. 通过看图初步认识线段,学会画线段。 校本要求: 通过"我来量量我的家"活动,熟练使用尺子测量物体的长度。	第一单元	共同要求: 1. 学会用调查法收集数据,学会用"正"字统计法记录数据。 2. 认识简单的统计表,能根据统计表中的数据提出、回答简单的问题,并能够进行简单的数据分析。 3. 使儿童初步体会调查所得数据的作用,培养初步的数据分析观念。 校本要求: 通过"家庭塑料袋使用情况调查"活动,熟练进行数的收集、整理。
	第二单元	共同要求: 1. 能正确地进行两位数加、减两位数的笔算。 2. 通过对两位数加减估算方法的交流,体会算法多样化的思想。 3. 会运用100以内加减法知识解决一些简单的实际问题。 校本要求: 通过年级笔算比赛,熟练地进行两位数加减运算。	第二单元	共同要求: 1. 理解平均分及除法的意义,能进行平均分,会读写除法算式,知道除法算式的各部分名称。 2. 初步认识乘除法之间的关系,能够比较熟练地用2—6的乘法口诀求商。 3. 会利用画图、语言叙述等方式表示理解问题和分析问题的过程,能运用加法、减法、乘法

(续表)

年级		上学期目标		下学期目标
				和除法解决简单的实际问题。 校本要求： 通过"我来分一分"活动，理解平均分在生活中的意义。
	第三单元	共同要求： 1. 结合生活情景及操作活动，初步认识角，知道角的各部分名称，初步学会用尺画角。 2. 结合生活情景及操作活动，初步认识直角，会用三角板判断直角和画直角。 3. 认识锐角和钝角，会用三角板上的直角进行比较。 校本要求： 能够正确找出生活物品中的直角、锐角、钝角。	第三单元	共同要求： 1. 借助日常生活的对称现象，通过观察、操作，使儿童直观认识轴对称图形，能够辨认轴对称图形。 2. 借助日常生活中的平移、旋转现象，通过观察、操作，使儿童初步理解图形的平移和旋转，能辨认简单图形平移后的图形。 3. 利用轴对称图形的知识解决简单的实际问题，在实际操作中积累动手操作的体验，养成认真观察的好习惯。 校本要求： 通过剪纸活动，按要求剪出轴对称图案。
	第四单元	共同要求： 1. 在具体情境中理解乘法运算的意义。 2. 知道乘法算式各部分名称，知道乘法口诀的编制过程，熟记2—6的乘法口诀，会用口诀熟练口算有关乘法算式。 3. 会根据乘法的意义解决一些简单的实际问题。 校本要求： 通过"接火车"游戏，熟练背诵2—6的乘法口诀。	第四单元	共同要求： 1. 理解用乘法口诀求商的算理，掌握用乘法口诀求商的一般方法。 2. 会用除法知识解决简单的实际问题。 3. 经历7、8、9的乘法口诀求商的过程，初步学会运用迁移的方法学习新知识。 校本要求： 通过口算比赛活动，熟练进行表内除法的口算。

(续表)

年级		上学期目标		下学期目标
	第五单元	共同要求： 1. 通过教学活动，能辨认从不同位置观察到的简单物体的形状。 2. 通过观察、操作，初步认识简单立体图形。 3. 感受局部与整体的关系，初步形成全面看待事物的意识。 校本要求： 通过"你看我画"活动，学会从多个位置观察物体。	第五单元	共同要求： 1. 正确理解和掌握含有两级运算的混合运算的运算顺序。 2. 能正确按照运算顺序进行脱式计算。 3. 会列综合算式解决需要两步计算解决的实际问题。 校本要求： 能够将两个分式正确地合并成一个综合算式。
	第六单元	共同要求： 1. 掌握7—9的乘法口诀，理解7—9的乘法口诀的意义。 2. 熟记7—9的乘法口诀，能运用口诀正确进行计算。 3. 能用乘加、乘减解决一些简单的实际问题。 校本要求： 通过"模拟市场"活动，正确运用计算解决实际问题。	第六单元	共同要求： 1. 理解有余数除法的意义，会准确计算。 2. 正确书写除法竖式，理解竖式中每个数字所表示的意义。 3. 初步掌握试商的基本方法，能熟练地进行有余数除法的口算和笔算，提高儿童的运算能力。 4. 初步学会用有余数除法解决生活中的简单问题。 校本要求： 通过探究"租船问题"，不仅能够用有余数的除法解决问题，而且要在解决问题的过程中培养互助互爱的团结精神。
	第七单元	共同要求： 1. 通过直观操作与演示，初步建立时、分的时间观念，知道1时=60分。 2. 知道钟面上刻度的含义，会读、写几时几分。	第七单元	共同要求： 1. 能够正确认、读、写万以内的数，理解各数位上的数字表示的意义，并知道这些数是由几个千、几个百、几个十和几个一组成的。

(续表)

年级		上学期目标		下学期目标
		3. 会用时间的有关知识,解决一些简单的实际问题。 校本要求: 制作时间碎片卡,懂得时间的珍贵与易逝。		2. 明确万以内数的顺序,会比较万以内数的大小,能用符号和语言描述万以内数的大小。 3. 结合现实素材使儿童认识近似数,能结合具体情境理解近似数的意义。 校本要求: 能够合理地估计全校的学生总数。
	第八单元	共同要求: 1. 通过观察、猜测、实验等活动,找出简单事物的排列数与组合数。 2. 培养初步的分析、推理能力以及有顺序地全面思考问题的意识。 3. 感受排列和组合的数学方法在日常生活中的运用,体会数学与生活的联系。 校本要求: 通过闯关游戏活动,培养分析、推理能力。	第八单元	共同要求: 1. 认识质量单位克和千克,知道1千克=1000克,会进行简单的单位换算。 2. 知道用秤称量物体的质量。 3. 在建立1克和1千克观念的基础上,会以此为标准估量物体的质量,并能解决简单的实际问题。 校本要求: 通过称量生活中物品的质量,建立质量观念。
三年级	第一单元	共同要求: 1. 认识时间单位时、分、秒,知道1分=60秒,会进行一些有关时间的简单计算。 2. 初步建立时、分、秒的时间观念。 3. 养成遵守和爱惜时间的意识和习惯。 校本要求: 通过"一秒钟能够干什么?"问答活动,感知时间的珍贵。	第一单元	共同要求: 1. 认识东、南、西、北四个方向,能够根据给定的一个方向辨认出其余的三个方向。 2. 知道辨别地图上的方向。 3. 会看简单的路线图(四个方向)。 4. 认识东北、东南、西北、西南四个方向,能根据给定的一个方向辨认出其余的七个方向。 校本要求: 通过描述上学路线活动,正确辨认方向。

(续表)

年级	上学期目标		下学期目标
第二单元	共同要求： 1. 学会计算三位数加、减三位数。 2. 能够结合具体情境进行加减法的估算，进一步领会加减法估算的基本方法，增强估算意识。理解验算的意义，会对加法和减法进行验算，初步形成检验和验算的习惯。 3. 经历与他人交流各自算法的过程，学会与人合作学习。 校本要求： 通过计算比赛活动，在规定时间内熟练完成计算任务。	第二单元	共同要求： 1. 会口算一位数除整十、整百数、几百几十以及一位数除两位数的除法。 2. 经历一位数除多位数的笔算过程，掌握一般的笔算方法，会用乘法验算除法。 3. 能在具体的情境中进行除法估算，会表达估算的思路，形成估算的习惯。 校本要求： 通过笔算比赛活动，正确迅速地完成笔算任务。
第三单元	共同要求： 1. 经历实际测量的过程，认识长度单位毫米、分米和千米，建立1毫米、1分米和1千米的长度概念。认识质量单位吨，建立1吨的质量概念。 2. 知道常用的长度单位、质量单位间的换算关系，会进行简单的单位换算，会恰当地选择单位。使儿童能估计一些物体的长度和质量，会选择不同的方式进行测量。 3. 在实际操作中，增强合作交流的意识，提高操作技能，培养实践能力，通过长度单位在日常生活、生产中的广泛应用，激发求知欲望，养成认真观察、仔细测量的好习惯。 校本要求： 通过参观大型集装箱的活动，建立对1吨质量概念的直观感知。	第三单元	共同要求： 1. 通过对现实生活事例中的数据进行收集整理，认识复式统计表，学会根据复式统计表解决一些实际问题。 2. 学会简单的数据分析，进一步体会统计在现实生活中的作用，理解数学与生活的紧密联系。 3. 能根据复式统计表中的数据进行简单的分析。 校本要求： 通过记录校运动会长跑成绩，能够运用复式统计表解决实际问题。

(续表)

年级		上学期目标		下学期目标
	第四单元	共同要求： 1. 会计算三位数加、减三位数。 2. 能够结合具体情境进行加、减法计算，进一步领会加减法估算的基本方法，增强估算意识。 3. 理解验算的意义，会对加法和减法进行验算，初步养成检验和验算的习惯。 4. 经历与他人交流各自算法的过程，学会与人合作学习。 校本要求： 通过"我是小老师"活动，能够清楚地表述算理过程。	第四单元	共同要求： 1. 会口算整十、整百数乘整十数，会口算两位数乘整十、整百数（每位乘积不满十）。 2. 经历两位数乘两位数的计算过程，掌握两位数乘两位数的计算方法。 3. 能够运用所学的知识解决生活中的简单问题，感受数学在日常生活中的作用。 校本要求： 通过"应用知识大赛"活动，能够运用所学知识解决实际问题。
	第五单元	共同要求： 1. 经历"倍"的概念的初步形成过程，体验"求一个数的几倍是多少"的含义。在充分感知的基础上，初步建立"倍"的概念，明白"求一个数的几倍是多少"的具体意义。 2. 体验数形结合的方法，建立"几个几"与"几倍"之间的联系和"求一个数的几倍是多少"的计算思路，培养良好的思维习惯，渗透"倍"与乘除运算的关系。 3. 通过画一画、摆一摆、说一说，丰富"倍"的表象，深化倍的认识，培养用数学语言有理有据地说明问题本质的能力。 4. 在学习过程中，提高解决问题的能力。 校本要求： 通过"细胞的繁殖"融合教学活动，直观地感知"倍"意义。	第五单元	共同要求： 1. 结合实例理解面积的含义，能用自选单位估计和测量图形的面积。 2. 体会统一面积单位的重要性，认识面积单位：平方厘米、平方分米、平方米和平方千米，建立1平方米、1平方分米、1平方厘米的表象。 3. 熟悉相邻两个单位之间的进率，会进行简单的单位换算。 4. 探究并掌握长方形、正方形的面积公式，获得探究学习的经历；会使用公式正确计算长方形、正方形的面积，能估计所给的长方形、正方形的面积。 校本要求： 通过"修花圃"活动，能够运用公式正确计算长方形、正方形的面积。

(续表)

年级		上学期目标		下学期目标
	第六单元	共同要求： 1. 能够比较熟练地口算整十、整百乘一位数，两位数乘一位数（每位乘积不满十）。 2. 经历多位数乘一位数的计算过程，学会多位数乘一位数的计算方法。 3. 能够运用所学知识解决日常生活中的实际问题。 校本要求： 通过午餐水果发放问题探究活动，能够运用多位数乘一位数的计算知识解决实际问题。	第六单元	共同要求： 1. 认识时间单位年、月、日，了解它们之间的关系；知道平年、闰年等方面的知识；记住每个月以及平年、闰年各有多少天。 2. 知道24时计时法，会用24时计时法表示时刻。 3. 初步理解时间和时刻的意义，学会计算简单的经过时间。 校本要求： 制作加油年历，掌握年、月、日的关系。
	第七单元	共同要求： 1. 认识四边形的特征，进一步掌握长方形和正方形的特点，会在方格纸上画长方形和正方形。 2. 知道周长的含义，探索并掌握长方形和正方形周长的计算方法，会计算长方形和正方形的周长。 3. 会估计一些物体的长度，并会进行简单的测量计算。逐步形成空间观念和估算意识。 校本要求： 通过"绳子圈地"小游戏，掌握长方形和正方形周长的计算方法。	第七单元	共同要求： 1. 能结合具体内容初步了解小数的含义，会认、读、写小数部分不超过两位的小数。 2. 能结合具体内容比较一位、两位小数的大小。 3. 会计算一位小数的加、减法。 校本要求： 通过收集生活中的小数，建立数感，理解小数的意义。
	第八单元	共同要求： 1. 初步认识几分之几和几分之几，并且会读、写简单的分数，知道分数的各部分名称以及分数的大小。	第八单元	共同要求： 1. 联系生活实际，通过观察、猜测、试验等活动，找出简单事物的排列数和组合数。 2. 培养初步的观察、分析及推理

(续表)

年级	上学期目标	下学期目标
	2. 会计算简单的同分母分数的加减法。 3. 在理解分数意义的基础上，会用分数的知识解决简单的实际问题，培养儿童解决问题的意识和能力。 校本要求： 通过"分西瓜"小游戏，理解分数的意义。	能力，以及有顺序地、全面地思考问题的意识。 3. 感受数学在现实生活中的广泛应用，尝试用数学的方法解决实际生活中的问题。 校本要求： 通过"达芬奇密码"活动，学会观察和分析。

总之，"尚思数学"依据《义务教育数学课程标准（2022版）》的总体目标要求，以学科核心素养的整体落实为出发点，进一步提炼学科课程总目标，细化年段目标，并在课程设计和教学活动组织中，相互渗透，有机融合，全面促进儿童数学核心素养的发展。

第三节 实践操作凸显数学素养

一、"尚思数学"课程结构

"尚思数学"课程依据课程目标和儿童发展需求,基于学科理念,依据《义务教育数学课程标准(2022年版)》中"数与代数""图形与几何""统计与概率""综合与实践"四大板块[①],学校将"尚思数学"设置为"尚思数算""尚思几何""尚思统计""尚思实践"四类课程内容,发展儿童数学素养(见图3-1)。

图3-1 "尚思数学"课程结构图

上图中,各板块课程如下:

"尚思数算"凸显数感、符号意识、运算能力三大核心素养,通过"速算达人"

---

① 中华人民共和国教育部.义务教育数学课程标准(2022年版)[S].北京:北京师范大学出版社,2022:16.

"最强大脑""头脑风暴"等课程,同时关注算理和算法,提高儿童在问题情境中运算和解决问题的能力,合理进行数学表达和思考,在课程中培养儿童数感,发展符号意识,提高运算能力,欣赏数学的逻辑美。

"尚思几何"凸显空间观念、几何直观、量感三大核心素养,通过"七巧慧心""巧搭积木""校园设计师"等课程,引导儿童探究图形世界,体会图形与生活之间的联系,把复杂的数学问题变得简明、形象,在动手操作中发展儿童的空间观念和几何直观观念,感受数学的图形美和变化美。

"尚思统计"凸显数据意识、推理能力两大核心素养,通过"设计信息档案""制作年历""田忌赛马"等课程,感受随机现象,体会数据中蕴含的多种信息,了解对数据的多种分析方法,发展数据意识,在解决问题的过程中感受数学的逻辑美和简约美。

"尚思实践"凸显模型意识和应用意识两大核心素养,通过"小小创意师""全家自驾游""数字生活"等课程,培养儿童从现实生活中抽象出数学问题的能力,体会和理解数学与外部世界联系的基本途径,利用数学概念、原理和方法解释现实世界的现象,解决现实中的实际问题,认识到现实生活中蕴含着大量与数量和图形有关的问题,并能运用数学的方法予以解决。发展儿童的模型思想和应用意识,感受数学的实用美。

二、学科课程设置

"尚思数学"依据《义务教育数学课程标准(2022年版)》,根据"尚思数学"整体架构,在认真执行人教版数学教材的基础上,依据学校实际情况,因地制宜,基于数学的四大领域,创造性开发校内外具有针对性和适应性的课程资源,具体拓展课程设置如下(详见表3-2)。

表3-2 "尚思数学"课程设置表

目标类别 年级	尚思数算	尚思几何	尚思统计	尚思实践
一年级上学期	能听会算	巧搭积木	玩具分家	购物大比拼
一年级下学期	成算在心	七巧慧心	垃圾分类	时间小主人

(续表)

目标类别 年级	尚思数算	尚思几何	尚思统计	尚思实践
二年级上学期	速算达人	立体图形玩玩乐	数学写作	带着乘法去旅行
二年级下学期	计算能手	校园设计师	数学绘本创意课	生活中的数学
三年级上学期	口算达人	小测量师	研学之旅	设计档案
三年级下学期	巧思妙算	手绘校园	数学写作	绿化校园
四年级上学期	精打细算	神奇的线	我是数据分析师	优化方案
四年级下学期	巧思妙算	探秘内角和	我是小小预测家	鸡兔同笼
五年级上学期	头脑风暴	校园设计师	数学写作	购物方案
五年级下学期	计算能手	园区规划师	家庭经济师	数字生活
六年级上学期	奇妙比例	"圆"来如此	我是调查员	旅行中的数学
六年级下学期	最强大脑	移形换位	统计家族	

需要说明的是,"尚思数学"是基于教材的四个领域开发设置的,从数学本质分析,不同知识、不同领域之间都存在着实质联系,所以这四类课程并不是相互独立的,而是相互关联的整体,共同指向每个儿童的发展。

第四节　多元评价践行思维之美

"尚思数学"旨在培养数学意识,形成数学思想,建构理性思维,培植理性精神,探寻数学的智慧与美。课程从建构"尚思课程""尚思课堂",建设"尚思社团",举办"尚思数学节",举行"尚思研学"等方面进行实施与评价,让儿童用数学语言和符号作为思维的载体对数学知识进行探索与发现,使儿童的思维更具灵活性、逻辑性和条理性,以更理性的眼光去思考数学问题,领悟数学思想,在思考中丰盈智慧,让思维绽放精彩。

一、建构"尚思课堂",聚敛课程力量

"尚思课堂"是一种充满思辨与理性的课堂,是引导儿童开展数学学习活动、培养思维能力的课堂,是领悟数学思想、让思维绽放精彩的课堂。"尚思课堂"是以儿童为本的课堂。课堂中注重鼓励儿童独立思考,引导儿童经历知识与技能形成的过程,激发儿童掌握数学知识,追问和领悟知识所蕴含的应用价值,促进儿童弄清数学知识的脉络,将知识内化,明晰问题疑点的缘由,把思考推向纵深,实现深度学习。"尚思课堂"是充满思辨的拓展性课堂。在引导中启迪,在质疑中深化,在练习中养成,在实践中拓展。让儿童在数学思辨中将知识转化为能力,培养儿童的理性精神与严谨态度,领悟数学思想,让思维绽放精彩。

（一）"尚思课堂"的实施

"尚思课堂"旨在塑造优美的教学环境,营造和谐的教学氛围,构建灵活多变的教学形式,激发儿童学习兴趣和创造欲望。基于此,"尚思课堂"实施关注以下几点。

明确主体,创设课堂——在课堂教学过程中坚持以儿童为主体,综合统筹教师、教材、教学媒体资源服务儿童的学习活动。明确教师在课堂教学中组织者和指导者的角色定位,在课堂上创造宽松、民主、和谐的教学氛围,提供交流与展示的机会与平台,设计生动有趣的思考情境,设置科学合理的教学环节,充分挖掘儿童的学习欲求,机动地满足儿童的发展需求。

启发引导,活跃课堂——在课堂教学中鼓励儿童大胆猜想,加强数学思维方法的训练,创新地学习数学。教师对儿童提出的问题予以充分肯定,鼓励在解决问题的过程中去了解知识、形成新技能,在综合运用数学知识的过程中发展数感。在课堂教学中鼓励儿童多动,培养动手操作能力;鼓励儿童多说,培养语言表达能力;鼓励儿童多思,培养儿童创新意识。在探究活动中将动手操作与观察、思维等紧密结合起来,实现数学课堂的数学问题生活化,生活问题数学化。

反馈提升,深化课堂——在教学过程中,教师注重根据教学情境,引导儿童不断想问题、找问题、解决问题、总结问题,通过让儿童分组讨论交流,真正地在课堂上思考起来,使儿童对所学知识充分理解,经过不断反复练习,从而逐渐适应并掌握自主思考解决问题的思维模式,在不断正向反馈的基础上,最终形成适合自己的良好的学习习惯以及处理各种实际问题的思维习惯,并达到知识的深化与迁移。

知情结合,升华课堂——在教学过程中充分运用文本资源创设情境,让儿童在特定的"境"中产生积极的需要,吸引孩子们走进数学。根据儿童年龄特点选择有教育意义的情景材料和素材,设计学习活动,有效激发儿童兴趣。鼓励儿童发言、讨论、交流,让儿童张扬个性,并带领儿童做好反思,形成实事求是的科学态度,最终达成情感态度与价值观目标。

（二）"尚思课堂"的评价

"尚思课堂"的评价关注三个维度,即:(1)儿童是否达成知识与技能目标:学习目标切合教育目的、培养目标,贴合生活情境。(2)儿童是否达成过程与方法目标:学习过程与方法以儿童为主体,关注儿童个性差异和能力发展,注重儿童对学习方法的主动探究,遵循儿童身心发展规律,发展儿童的核心素养。(3)儿童是否达成情感态度与价值观目标:在知识与技能、过程与方法的目标基础上深层次开拓,发挥情感因素的积极作用,拥有良好的学习态度并养成科学思维态度,保持对数学的好奇心和求知欲,认识到数学的价值。三个维度聚焦教师的教,关注儿童的学,让儿童的学习活动在尚思课堂中真实发生,具体评价如下(详见表3-3)。

表3-3 "尚思数学"课堂评价表

评价内容	效果	
学习目标	学习目标符合课标要求,切合实际。	
	学习目标中要求具体,可操作性强,儿童可自主理解。	
学习内容	学习内容将学习目标具体化。	
	学习内容符合学情,创造性使用教材和其他课程资源。	
教学结构	教学环节完整,层层递进。	
	从儿童实际和教学要求出发,安排合理。	
教学方法	善于引导,鼓励儿童质疑。	
	教法灵活,注重学法指导。	
	教学环节紧凑,紧扣目标。	
	教学情境贴近生活,吸引儿童兴趣。	
	教学过程民主,体现儿童主体地位。	
	注重师生互动、生生互动,方法多样。	
教学素养	师生关系平等和谐,关注全体儿童。	
	教法灵活,多媒体应用适时、适度。	
学习过程	认真进行自主学习,完成基本知识梳理。	
	积极有效参与小组合作,参与度高。	
	准确表达思维的发生过程,语言清晰、准确。	
	在学习过程中积极、投入,气氛活跃。	
学习效果	顺利完成课堂中各项任务,基本达成教学学习目标。	
	不同层次的儿童在原有水平上得到相应提高。	
	结合本节课收获,能自主完成知识拓展。	
总评		

二、建设"尚思课程",丰富数学课程内容

"尚思课程"是以儿童的全面发展为出发点,以数学学科核心素养为导向,开发的具有多元化、校本化的综合课程。根据学生的认知水平、数学学习特点和实际学情,课程设置在国家课程的基础上进行拓展和延伸,以数学课程四部分内容

为载体,让孩子全方位掌握数学知识和思考技巧,通过感知和探索过程提升孩子的思维过程品质,培养优秀的思维能力和创新能力。

(一)"尚思课程"的实施方案

"尚思课程"在国家课程的带动下,形成了由数学阅读课程、数学游戏课程和数学实践课程组成的一系列符合学生年龄特点的特色课程。"尚思数学"课程带给学生与众不同的数学学习体验,学习与实践相结合,体现着课程的育人性。

"尚思阅读"课程。本课程通过数学绘本、数学故事的阅读构架起数学与生活、数学与文化的联系,培养学生的逻辑思维和创新思维,激发学生的创造力,提高学生的数学素养,引导学生体会数学学习的价值与意义。

"尚思游戏"课程。游戏课程以数学知识为载体,把数学与游戏活动结合起来,引导学生在游戏中观察、发现,学会从不同角度思考问题,培养学生的逻辑思维能力。

"尚思实践"课程。本课程以人教版小学数学教材为载体,充分开发和利用课程资源,强调数学知识的现实性和整体性,通过数学实践拓展学生的认知空间,锻炼学生想象、创作和动手操作能力,引导学生用数学的眼光、科学的态度留心生活,关注社会,用数学的方法尝试实践,解决问题,让学生在用数学的过程中提高数学素养,培养数学能力。

(二)"尚思课程"的评价要求

根据"尚思课程"的设置,评价的方案主要也是以各个课程的设置为出发点,力求客观、公正、合理、多元地评价每一位学生,以增强学生的学习自信心,提高学习的兴趣,激发学习的动力(详见表3-4、表3-5、表3-6)。

表3-4 "尚思阅读"课程评价表

评价项目	评价标准	自我评价 A	B	C	同伴评价 A	B	C
精神状态	1. 学生课前准备充分,物品放置齐整。 2. 学生精神饱满、坐立端正、表情自然、脸带微笑。 3. 学生的发言响亮、清晰。 4. 学生富有高涨的学习热情。						

(续表)

评价项目	评价标准	自我评价 A B C	同伴评价 A B C
参与程度	1. 学生主动参与的时间长,投身在自主探究、动手操作、合作学习之中。 2. 学生通过认真观察,能够主动发现和提出问题,有条理地表达思考过程。 3. 学生善于倾听,在倾听中思考,在倾听后评价他人发言、及时补充自己的想法。 4. 学生善于思考,能提出解决问题的策略,表达自己独特的见解。 5. 积极参加小组学习活动,分工明确,主动与同学合作交流,并且能够切实解决问题或产生新的认识。		
参与效果	1. 学生普遍具备良好的学习意志品质和道德品质。 2. 学生养成自主学习的习惯,有竞争意识和合作意识。 3. 学生普遍具有问题意识,敢于质疑问题,发表不同的见解。 4. 不同程度的学生均得到发展,从整体上达到教学目标。		

我的收获:

表3-5 "尚思游戏"课程评价表

评价项目		评价标准	自我评价 A B C	同伴评价 A B C
数学学习品质	参与程度	1. 能主动参与数学学习活动		
	合作交流意识	1. 能主动与同学合作 2. 认识到自己在集体中的作用 3. 愿意与同伴交流各自的想法 4. 愿意倾听别人的意见		
	情感与态度	1. 专心听讲、积极发言、主动参与游戏 2. 能主动克服学习中遇到的困难		
	思维过程	1. 思维的合理性和灵活性 2. 能清晰地用数学语言表述自己的观点		

(续表)

评价项目		评价标准	自我评价 A B C	同伴评价 A B C
数学能力	基本能力	1. 数学知识掌握程度 2. 数学知识记忆、理解的程度 3. 运用数学知识的熟练程度 4. 解决简单问题的方法、技巧		
我的收获：				

表3-6 "尚思实践"课程评价表

评价项目	评价标准	自我评价 A B C	同伴评价 A B C	教师评价 A B C
参与态度	能主动参与活动，积极发现并解决活动中遇到的问题，表现积极。			
合作程度	小组成员友好合作，互相帮助，和同伴能做有效交流			
活动成果	有作品展示，质量高。			
我的收获：				
同伴眼里的我：				
老师眼里的我：				

三、建设"尚思社团"，享受数学快乐

"尚思社团"以培养数学核心素养及智尚思维能力为宗旨，以"乐学、善思、活用"为目标，以"团结协作、同学互促"为活动形式，来提高儿童严密的逻辑思维能力和动手实践能力，学以致用。通过社团活动，激发儿童学习数学的兴趣，培养儿童良好的习惯，发展儿童的个性，展示儿童的数学才华，提高儿童的综合素质，促进儿童的全面发展，积极培养儿童动手实践能力和创新精神。

（一）"尚思社团"的类型特点

"尚思社团"以数学教师为主要组织者，每个社团设立社团负责人，即社长一名，副社长两名，具体活动由组织者和社团负责人共同组织和安排。根据教学内

容,每两周开展一次活动,形式可以多种多样。"尚思社团"以儿童自主探索为主,教师讲授为辅,针对数学学习内容进行相应的趣味性、知识性、思维性相结合的训练。

"尚思社团"开设了数学思维社和数学智慧社两个社团。

数学思维社主要面向低年级儿童,结合低年级儿童的识字水平和年龄特点,以速算小达人、数学绘本、数学日记、小小设计师、玩转图形等形式向儿童展示奇妙的数学思维,激发儿童对数学的兴趣。

数学智慧社主要面向高年级儿童,结合高年级儿童的知识水平和年龄特点,以计算小行家、数学思维导图、数学写作、数学绘图、巧思妙算、最强大脑等形式引导儿童运用数学智慧,提高数学学习能力。

(二)"尚思社团"的评价标准

"尚思社团"的评价内容包含有活动目标的制定、活动内容的设计、活动实施的效果,具体内容如下(详见表3-7)。

表3-7 "尚思社团"评价表

项目内容	内　　容	分值
材料装订(10分)	有封面,装订规整,协调统一	
活动目标(10分)	活动目标合理清晰,注重对数学思维的养成	
活动内容(20分)	内容设计有吸引力,彰显数学特色	
活动实施(40分)	活动过程有条理,资料详实	
活动效果(20分)	通过活动,儿童完成活动目标	
总分		

四、举办"尚思数学节",激发数学智慧

每年举行一次"尚思数学节",各年级围绕一个主题,依据儿童已具备的知识与技能开展系列数学活动。

(一)"尚思数学节"的活动设计

"尚思数学节"的活动主题及具体内容如下(详见表3-8)。

表3-8 "尚思数学节"活动一览表

年级	活动主题	活动内容
一	精打细算理财师	开展跳蚤市场,同学间相互买卖,填写收入支出表,分析自己的盈利或亏损
二	数学演说家	讲生活中的数学故事或数学家的故事,评选出优秀演说家
三	绿化校园	观察学校的绿化情况,运用面积相关知识,以小组为单位,设计出为学校空地铺草坪的具体方案
四	谁输谁赢我决定	通过比较扑克牌的大小,了解基本应对规则,多次体验探究黑牌取胜的条件,最后结合田忌赛马内化对策论的理解
五	找次品	小组合作研究,通过逻辑推理过程,最后优化出找次品的合理方案
六	你测我画	观察学校的建筑分布,通过测量工具,小组合作绘制出校园平面图

(二)"尚思数学节"的具体评价

活动具体评价如下:一是活动要能够学有所用、适应时代、贴近生活,有一定的应用性;二是活动要让全员参与,让每个儿童都能体验数学的实用性;三是活动形式可以多种多样,围绕实用类、展示类等儿童参与兴趣高的活动开展;四是活动要为全体儿童展示自身聪明智慧提供平台,引导儿童在活动中感受数学学科的魅力,享受数学学习的乐趣。

"尚思数学节"旨在从多个维度增强儿童学数学的兴趣,通过各种形式让儿童用数学思维解决问题,促进儿童的数学能力提升。儿童通过参与活动,依据达成目标,为每个儿童发放"尚思等级卡","尚思等级卡"根据儿童的完成情况分为一星级、二星级、三星级,可以兑换一等奖、二等奖、三等奖等相应奖品,让儿童通过自己的努力兑换自己心仪的奖品,体会过节的乐趣。

五、举行"尚思研学",丰富数学视野

"生活即教育","尚思研学"积极构建行走类课程——研学之旅,进行有目的有计划的实践与研究,让儿童在生活中感悟数学的意义,运用数学的思维解决生活的实际问题。

（一）"尚思研学"的主题

"尚思数学"根据每个年级的课程设置，以"走进生活——实践研究——行走研学"为统领，以小组为单位，开展走进商场、走进超市、走进社区、走进数学文化等研学活动，将课本上的知识运用到实际生活中，让知识升华，让儿童做生活的小主人。研学活动的具体内容如下(详见表3-9)。

表3-9 "尚思研学"一览表

项目	评价内容	评价等级 A B C
研学态度	儿童有浓厚的研学兴趣，积极探索，乐于互助	
研学能力	儿童主动参与时间长，能认真观察发现问题，善于思考解决问题，主动与同学合作交流	
研学成效	具有问题意识，具有解决问题的能力，研学报告清晰	
总评		

（二）"尚思研学"评价

通过研学活动，让儿童在行走中协作，在协作中交流，在交流中感悟，在感悟中提升，体会数学之美在生活中的完美呈现。为了对儿童的研学之旅进行有效的、客观的评价，根据儿童的研学记录、研学报告、研学展示，我们从研学态度、研学能力、研学成效三方面进行评价。评价旨在让儿童感受研学乐趣，培养儿童进行社会调查和动手实践的能力，增强儿童学数学、用数学的兴趣。评价要求如下：研学活动要有详细的方案，提前到教导处进行备案；研学活动要坚持安全第一，明确责任人，确保儿童安全；研学活动要符合儿童的身心特点、认知能力，注重知识性、科学性和趣味性相结合；研学活动要让儿童积极参与，主动与他人进行交流，具有团队合作意识；研学活动要以儿童的爱好、需求、个性发展为宗旨，凸显儿童主动探究、合作探究的能力；研学活动旨在让儿童拓展视野，丰富知识，参与体验；研学活动要让儿童感受用数学思维解决生活问题的喜悦，并记录下研学感受，与家长同伴一起分享。

六、组织"尚思竞赛",夯实数学基础

数学运算能力是数学核心素养的关键组成部分。数学运算能力可以改善儿童的思维品质,培养儿童的数学思维和创新能力。为激发儿童数学运算的热情,培养儿童扎实有效的计算技能,提高计算速度和计算准确率,学校开展了巧思妙算等数学竞赛的活动。

(一)"尚思竞赛"的实施

"尚思竞赛"采用笔试的形式进行竞赛,以年级为单位、同年级内各个班同时进行比赛,旨在提高儿童分析问题和解决问题的能力,营造积极学习数学的氛围,使儿童在竞赛中体会到学习数学的成功与喜悦,同时也培养儿童勇于挑战自我和好学上进的精神。

整个赛事共设置"运算小达人""优秀运算班级"两个荣誉。每个年级根据运算能力的不同,设置不同的题目。

(二)"尚思竞赛"的评价

从数学运算的精准度、运算的速度和运算过程中的情感这三个方面设计评价量表,具体如下(详见表3-10)。

表3-10 "尚思竞赛"一览表

评价维度	评价标准	分值	评分
运算的精准度	运算过程中无错误	80	
运算的速度	能在限定时间内完成任务	10	
运算过程中的情感	在运算过程中,遇到困难,知难而上。	10	
总体评价			

七、创意"尚思作业",展现丰硕成果

"尚思作业"是结合教学实际,为儿童设计和布置一些着眼于儿童发展的、合理合情的作业。寒暑假里,儿童有更多的时间走出去观察和体验,在此期间,学校以培养儿童的综合能力为原则,会布置一些特色作业,让儿童在实践中开阔眼界,增长见识,增加生活常识。

（一）"尚思作业"的实施

学校把儿童的特色作业在同一时间集中展示，引导儿童观摩、交流，使儿童开阔眼界，拓宽知识视野，给儿童搭建成长的舞台。具体作业内容安排如下(详见表3-11)。

表3-11 "尚思作业"一览

时间	年级	作业主题	展示内容
每期开学第一周	一年级	新年账单	手抄报，照片
		"有趣的规律"绘本	自己制作的绘本
	二年级	压岁钱献孝心	手抄报，照片
		阅读数学绘本	读写绘
	三年级	制作日历	日历
		农历的奥秘	手抄报
		我的一天(合理安排时间)	手抄报
	五年级	春节消费调查	调查报告
		图中有话	手抄报
	六年级	寒假我当家	手抄报，照片

（二）"尚思作业"的评价

富有趣味的特色作业为每一位儿童提供了自由探索的发展空间，使儿童感受到了学习的快乐。特色作业展也让老师看到了儿童的全面发展。为促使特色作业达到预期效果，学校依据作业的主题、内容、创意、质量等方面制定如下评价标准，具体如下(详见表3-12)。

表3-12 "尚思作业"评价表

评价标准	效果(较好，好，一般)
主题鲜明，紧扣主题	
形式多样，有创意	
内容详实，富有知识性、趣味性	
有数学应用意识，利用数学方法解释、解决问题	

综上，数学是一门与人类生活息息相关的科学，其不仅仅限于现实的数量关系与空间形式，还包含一切可能的数量关系与空间形式，数学也是哲学思考的重要基础，是人类文化的重要组成部分。在数学教育实践中仍需重视对儿童数学思维的培养，加强数学文化的渗透，确立数学课程改革中的"数学文化价值"定位。思辨与智慧是我们共同的价值追求，在"尚思数学"的理念引领下，我们将继续致力于培养儿童的数学核心素养，促进思维绽放。

（撰稿者：郑丽娟　孙一鸣　魏彩红　胡梦雨　胡洋洋　杨杰）

第四章
教室是酝酿美学情愫的所在

　　教室是孕育美、呈现美、凝结美的土壤。每个儿童对美都抱有追求的态度，每个儿童对美都拥有释放的权利，每个儿童对美都持有创造的能力。儿童在教室里通过与教师的双向互动积累视觉、触觉和其他感官经验，发展感知能力、形象思维能力、表达和交流能力；儿童在教室里运用传统媒介或新媒体创造作品，发展想象力、实践能力和创造能力；儿童在教室里学会尊重和欣赏不同时代文化的美术作品，关注生活中的美术现象，涵养人文精神；儿童在教室里自由抒发情感，表现个性和创意，增强自信心，养成健康人格。

郑州市管城区实验小学美术组共有五位美术教师,平均年龄36岁,队伍中有教学经验丰富的老教师,也有研究生毕业的新秀,美术组在师资力量、课程实践等方面有一定的优势和经验。我们依据教育部《关于全面深化课程改革　落实立德树人根本任务的意见》《义务教育艺术课程标准(2022年版)》等文件精神,推进了我校美术学科课程的建设。在实施过程中,我校美术团队获得过国家、省、市、区级公开课多个奖项,师生作品屡次获得郑州市艺术节大赛团体一等奖的好成绩。

第一节 构建哲学唤醒内驱力量

一、学科性质

《义务教育艺术课程标准(2022年版)》指出:"……文化的教育;坚持以美育人、以美化人、以美润心、以美培元,引领学生在健康向上的审美实践中感知、体验与理解艺术,逐步提高感受美、欣赏美、表现美、创造美的能力,抵制低俗、庸俗、媚俗倾向;引导学生树立正确的历史观、民族观、国家观、文化观,增强爱党、爱国、爱社会主义的情感,坚定文化自信,提升人文素养,树立人类命运共同体意识,为实现中华民族伟大复兴而不懈奋斗。"[1]

美术是一门强调愉悦性的课程。愉悦性是美术课程重要的情感需求。只有在宽松、自由、愉悦的课堂气氛中,儿童才能更充分地发挥其脑、眼、手的能力与水平。美术教师更要努力活跃美术课堂,鼓励儿童自由抒发情感,轻松表达情感,要在课堂教学、课外辅导等方面体现美术教学的愉悦性。

美术是一门凸显视觉性的课程。美术课程的教学在内容、方式、作业等方面,都应发挥其"视觉性"的优势。教学过程中教师多展示图形、图像,让儿童观察和感受,培养儿童对美术视觉形象的敏感度,增强儿童对美术语言的感受、理解和运用能力,从而提升审美能力。

美术是一门重视实践性的课程。美术的各种门类的起源与发展都是一个反复练习、熟能生巧的实践过程,人们在创作美术作品时对各种媒材的使用和掌握,都依赖于人自觉地动手、体验,并且反复实践。可以说没有实践就没有美术。在实践中锻炼儿童的手眼协调能力,刺激脑部发育,达到培养创造性思维的目的。

美术是一门追求人文性的课程。美术课程凝聚着浓郁的人文精神,具有人文

---

[1] 中华人民共和国教育部.义务教育艺术课程标准(2022年版)[S].北京:北京师范大学出版社,2022:1.

教育功能。远古时期，人们已经掌握用美术形式来表达思想和传递情感。美术课程教学要突出人文性，教师要引导儿童形成正确的审美情趣和审美观念，培养儿童终身爱好美术的感情，热爱我国优秀的传统文化，尊重世界多元文化。

在美术学习的过程中，我们努力给儿童营造一个自由抒发情感、表达个性和创意的氛围，通过增趣调动儿童学习美术的动力，让儿童对美术学习产生持久的情感态度，进而提升儿童的艺术感知能力和造型表现能力，以达到增强自信心、养成健康人格的目的，同时增强儿童对自然和人类社会的热爱及责任感。基于这种认识，我们认为美术课程的学习首先要凸显趣味性，要让儿童在一种趣味性的学习和探究空间中，感受到艺术的妙趣。

二、学科课程理念

基于上述理解，我们提出"艺趣美术"的课程理念。我们认为"艺趣美术"的具体内涵如下：

——"艺趣美术"是创设愉悦氛围的美术。在美术教学过程中，我们努力营造愉悦的学习环境，创设愉悦的学习情境，调控愉悦的学习氛围，让儿童在"做做、学学、玩玩"中体验"学"的乐趣、体验"玩"的艺术，同时通过设置丰富的情境，如谜语、音乐、体验、故事等游戏手法，来鼓励儿童大胆尝试，从而让儿童爱上美术，愿意用美术的方式来表达。

——"艺趣美术"是提升审美能力的美术。图形、图像、图式是美术教学的重要手段，课堂上向儿童展示视觉形象，让儿童的美感能力得到训练。色彩轻快淡雅的画面，色彩鲜明对比强烈的画面，生动优美的画面线条能带给儿童不同的情绪体验，刺激儿童对美的感知。我们在有趣的美术学习活动中培养儿童的审美能力。通过教师的引导，让儿童在一定程度上形成科学、健康的审美意识，有效地提升审美能力。

——"艺趣美术"是培养创造思维的美术。美术创作通过收集分析大量的生活素材，从中提炼出最能体现人物或某种生活现象特点的素材进行整合、虚构，在此基础上创造出新的艺术形象，因此在美术实践过程中我们要培养儿童的想象力与创造力。

——"艺趣美术"是涵养人文精神的美术。美术是人类文化最早和最重要的载体之一,我们"艺趣美术"课程还要让儿童在学习美术的过程中,热爱美术,热爱生活,涵养情操等。课堂教学时注重引导儿童主动体验,讲解作品时融入作品的社会、文化、情感等背景,拓展儿童文化视野,增强对多元文化的包容性。儿童在学习的过程中情感、态度、价值观都得到了发展。

基于以上理解,通过融趣于学的美术活动,来唤醒儿童学习的内驱力,让儿童愿意去学,进而提高其审美能力,在学习过程中潜移默化地启发儿童的智力,发展儿童的创造思维,同时涵养儿童的人文精神,是我们"艺趣美术"的价值追求。因此我们的课程理念是——让儿童感受艺术的妙趣。

第二节 洞察艺趣心境品美历情

结合我校的"艺趣美术"课程理念,我们制定了"艺趣美术"课程的总目标和阶段目标。

一、学科课程总体目标

依据《义务教育艺术课程标准(2022年版)》,以审美感知、艺术表现、创意实践、文化理解等核心素养为导向,围绕欣赏(欣赏·评述)、表现(造型·表现)、创造(设计·应用)、联系/融合(综合·探索)四类艺术实践活动,结合我校实际情况,设定以下"艺趣美术"课程的学习目标(见表4-1)。

表4-1 "艺趣美术"课程学习目标

学习领域	目 标 描 述
欣赏·评述	了解不同地区、民族和国家的历史与文化传统,理解文化与构建人类命运共同体的关系,学会尊重、理解和包容。学生学会解读美术作品,理解美术及其发展概况。感受和理解我国深厚的文化底蕴和党的百年奋斗重大成就,传承和弘扬中华传统优秀文化、革命文化、社会主义先进文化,坚定文化自信,铸牢中华民族共同体意识。
造型·表现	认识线条、形状、色彩、材质、肌理等基本的美术元素,在造型活动中,学生掌握美术知识、技能和思维方式,围绕题材,提炼主题,采用平面、立体或动态多种表现形式表达思想和情感。
设计·应用	学生结合生活和社会情境,运用设计与工艺的知识、技能和思维方式,开展基于问题、基于项目的学习,进行传承和创造。
综合·探索	学生将所掌握的美术知识、技能和思维方式,与自然、社会、人文相结合,进行综合探索与学习迁移,提升核心素养。在活动中开阔视野,激发探索未知领域的欲望,体验探索带来的愉悦与成功感。

二、学科课程年级目标

根据《义务教育艺术课程标准(2022年版)》，结合教育部义务教育教科书《美术》(湖南美术出版社2013年版)教材和我校实际情况，设置"艺趣美术"课程年级目标，我们这里以四至六年级为例(见表4-2)。

表4-2 "艺趣美术"课程学习目标表

年级	学期单元	上 学 期	下 学 期
四年级	第一单元	通过学习《时间之快》，了解有关钟表的历史和文化，丰富对钟表的了解，增加有关知识，扩展审美情趣。尝试运用不同的表现形式设计和制作时钟、手表。体会时间的意义，形成珍惜时间的价值观念和情感态度。了解钟表的发展历史和文化，欣赏不同风格的钟表。了解钟表的结构特点，将钟面巧妙地设计在造型中。巧妙地利用搜集来的材料，创造出有个性，不同造型特点的钟表。	通过学习《水墨之韵》，初步了解彩墨画中水分的控制及笔和墨的运用，培养彩墨表现能力。运用彩墨大胆表现，体验乐趣，表达感受。形成健康的审美情趣，珍视优秀的民族、民间美术和传统绘画文化。初步养成勤于观察，敏于发现，精于制作、大胆想象、追求创意的习惯和积极参与、乐于合作的态度。
	第二单元	通过学习《色彩之妙》寻找自然界和生活中的对称形，感受对称形在生活中的应用，掌握对称规律，体会其特点。运用对称的造型手段发挥想象，在学习中掌握对称的方法和技能，提高动手能力。培养认真、细致、耐心的学习习惯，发展审美情趣和想象创造能力，发现对印画的方法和步骤。根据方法尝试完成对印，找到对印画的诀窍，根据要求创作一幅成功的对印画。	通过学习《蔬果之趣》学习简单的雕刻、塑造的基本方法。培养细致、敏锐的观察能力和奇妙、独特的想象能力，发展创新意识。用果蔬创造出有创意的立体作品。尝试从形状与用途、材料与结构的关系，认识设计与工艺的造型、色彩、媒材，用绘画或立体造型的方法表现设计构想，感受设计和工艺与其他美术活动的区别。
	第三单元	通过学习《特异之奇》能根据特异这一主题大胆创作一幅场景画，并能根据自己的意图和想法来设计作品，发展审美能力和创造性思维，	通过学习《春之花》感受春天的美好，重点欣赏春天祖国各地美丽的花朵，培养对大自然和生活的热爱之情。对春天花朵的观察、记忆和多种表现

(续表)

年级	单元	上 学 期	下 学 期
		提升绘画表现能力。掌握特异构成的特点及变化规律，尝试运用不同媒材与工具，运用不同的方法体验。	方式。运用恰当的美术手法表现一幅自己所喜欢的春天花朵的作品。
	第四单元	通过学习《祖国之情》使学生进一步了解祖国的伟大，提高民族自豪感，激发爱国热情，从小立志为祖国的繁荣强大做贡献。探究人物的比例和神情动态的画法。学习整体设计的方法，了解均衡、变化的审美原理。	通过学习《龙——中华民族之精神》欣赏与造型表现为一体，通过学习初步了解中国龙的文化历史，理解中国龙的造型特点，体会龙的象征意义，弘扬中华民族精神。了解龙的造型特点，体会龙的象征意义和龙的精神。抓住龙的特点，集体创作中国龙。
五年级	第一单元	学习用对比与和谐、节奏与韵律等组合原理，以及各种材料，制作方法，设计、装饰物品，并交流分享创意。通过学习《物体的深浅变化》一课，感受光影下物体的明暗变化，掌握表现物体明暗、层次的技法，初步培养立体空间的造型能力。选择黑色水笔、马克笔、水粉等工具材料，用线描、色彩、明暗等美术语言，表现人物、风景、建筑、动物以及校园新闻故事等，表达自己独有的情感。	学习运用线条、形状、空间、明暗等美术语言，选择钢笔、马克笔、水粉等绘画工具材料，表现自己喜欢的物品或者人物、风景、动物等，传递自己独特的思想感情。学习《节气》，了解节气的基本常识，运用美术的语言，如色彩、深浅以及不同的材质，展现不同节气的画面，传承民俗文化，树立人与自然和谐相处的意识，传递自己独特的情感。
	第二单元	运用形状、色彩、明暗、课件等美术语言，用不同的工具材料表现不同的物体，如建筑、动物、风景等。通过学习《家乡的老房子》运用对比与和谐的原理，感受建筑艺术的立体空间感以及形式美感，体会家乡劳动人民的智慧，引导用不同的工具表现建筑的透视关系，感悟其背后的文化内涵。	运用美术中组合的原理，选择不同的媒材，制作、设计不同的作品，并学会与他人交流创意图。通过学习《布艺》，运用对比与和谐、节奏与韵律等组合原理，关注生活中的美，培养美的意识，感受布料的材质美，体验"变废为美"的快乐体验。能独立完成创作，并能与大家分享交流心得感悟。

(续表)

年级 \ 学期 单元		上 学 期	下 学 期
	第三单元	欣赏、认识美术作品以及艺术作品的材料、形式和内容等特征，通过分析、讨论等学习方式，了解不同艺术形式的制作过程、技术以及文化历史背景。学习《青花瓷》，通过分析、讨论的方式，了解青花瓷的历史和工艺，感受美术表现的多样性，以及作品相关的历史文化背景，增强民族自豪感，通过欣赏提升视觉审美能力。学习《春节那些事》，通过对我国传统民族节日的了解，培养热爱祖国，尊重传统文化的意识，养成观察和表现美好事物的习惯。	通过学习《水墨画扇》一课，初步了解团扇的工艺，了解中外代表性的画家，欣赏画家优秀的美术作品，运用水墨画扇面，提高审美能力。通过分析和讨论的方式，了解作品的内容及表现方法，品味形式美感，并会用简单的美术语言表述对美术作品的理解和感悟。学习《有趣的器皿——壶》，让学生了解壶的历史文化以及造型特点，巩固和提高中国画的笔墨技法，感受中国传统文化的精髓。
	第四单元	通过综合性的活动，体会美术与不同学科之间的文化联系。学习《综合材料绘画》，用绘画和多种材质的搭配，改变单一的绘画形式，表现艺术的韵律美，激发儿童探索的欲望。收集身边的材质，结合学校的一些活动，运用美术的不同绘画及制作技法，策划、设计、制作与展示，体会人文环境、自然环境的关系。	通过综合性的活动，体会美术与生活、美术与传统文化的关系。学习《变废为美》，了解美术美感的多样性，运用生活中的废弃物品进行美术创作，表达对生活的热爱，营造废物利用的生态环境，培养综合探索能力。通过学习让儿童在生活中学会正确处理废弃物，了解废物的巧妙办法，学会在生活中分类处理垃圾，提高适应生活的能力。
六年级	第一单元	在有趣的美术活动中，寻访自然美景，了解社会历史，激发热爱生活、艺术的情感。学会善于收集整理资料，能用绘画的形式记录下自己旅行生活中的所见所闻所思所想，并用文字补充说明。通过学习《旅行的轨迹》一课，用文字、图像、色彩形式记录、整理旅行生活中的所见所闻、所思所想，培养审美情趣，激发创作艺术的热情。	通过学习《我爱我的家乡》一课，了解学习风景画的表现方法。运用美术的语言，如色彩、深浅以及不同的材质，运用学习图案设计的方法，用线描或者色彩的表现形式，表现风景美丽的画面，传递自己独特的情感，激发热爱家乡，歌颂家乡的情感。

(续表)

年级＼学期＼单元	上 学 期	下 学 期
第二单元	运用对比与和谐、节奏与韵律等组合原理，感受立体世界的空间感以及形式美感，运用重复、渐变、发射等构成形式，进行有创意的设计，尝试形象的重复美，整体的韵律美。学习《立体构成》一课，用较厚的纸材，领略立体构成的形式美感，按照一定的构成原则，体会点、线、面、肌理等美术要素组合成美好形体的构成方法。	通过学习《拓印的魅力》一课，了解版画的艺术特点，运用对比与和谐、节奏与韵律等组合原理，用身边的材质，如麻绳、树叶等设计，在拓印中体验乐趣。学习《画脸谱》了解传统戏曲人物中的造型特点，感受戏曲表现的魅力，用不同的工具绘制脸谱，培养热爱传统艺术的思想感情，提高审美能力。
第三单元	通过学习《不同视角的差异》一课，引导用不同视角去观察世界，并尝试创作，观察表现的独特乐趣。认识美术的形式和内容等特征，通过分析、讨论的方式，感受美术表现的多样性。	学习《具象与抽象之间》，通过欣赏具象与抽象的作品，了解中外不同流派的画家，学会欣赏抽象绘画，了解尝试抽象的表现手法，在抽象与具象之间，品味艺术作品的形式美感，并会用简单的美术语言表述对美术作品的理解和感悟。
第四单元	通过学习《"变废为美"——剪纸雕塑》一课，了解美术美感的多样性，用多种媒材、技法进行创作，培养善于观察、动脑的习惯，学会结合学校的一些活动，运用美术的不同绘画及制作技法，策划、设计、制作与展示，体会人文环境、自然环境的关系。加强了对自然的热爱，对社会的责任感。	学习《妈妈的味道——美食篇》，通过欣赏"妈妈的味道"，提高观察能力和分析问题的能力。了解"菜肴"的制作方法，运用绘画或手工制作的方式表现妈妈做的菜肴，体验不同形式带来的美感。通过学习，体会美术与社会、美术与生活、美术与传统文化的关系和联系。

对"艺趣美术"课程总目标和年级目标的分层细化解读，为课程实施提供了依据，也让儿童的美育素养有系统、有计划、有组织地向着我们所期望的方向发展。

第三节　描绘美好滋养健康成长

为了实现上述课程目标,我们努力构建"艺趣美术"课程体系,提升儿童的美术核心素养。

一、学科课程结构

《义务教育艺术课程标准(2022年版)》指出:"聚焦审美感知、艺术表现、创意实践、文化理解等核心素养,围绕欣赏(欣赏·评述)、表现(造型·表现)、创造(设计·应用)和联系/融合(综合·探索)四类艺术实践活动。"[1]结合我校实际情况,我校"艺趣美术"课程包含"艺趣表现""艺趣设计""艺趣欣赏""艺趣探索"四个板块(见图4-1)。

艺趣设计：动物世界、拼贴风景画、三原色的秘密、奇怪的六面脸、色彩之妙

艺趣表现：夜晚的舞会、巨人历险记、绘画的语言、大大的脚丫、秋天的痕迹

艺趣欣赏：我的名字、大熊猫、好玩的影子、吹画的乐趣、春之花

艺趣探索：过家家、制作连环画、镜子中的自己、玩偶剧场、树上的猴子

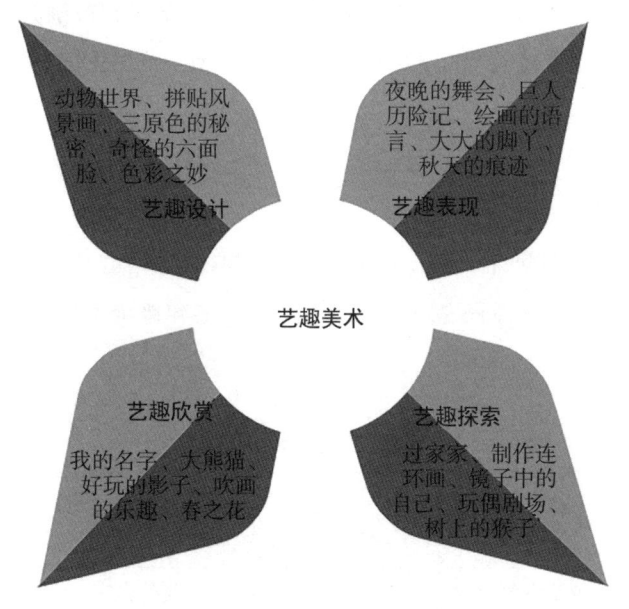

图4-1　"艺趣美术"课程结构图

---

[1] 中华人民共和国教育部.义务教育艺术课程标准(2022年版)[S].北京:北京师范大学出版社,2022:3.

上图中,各板块课程内涵如下:

1. 艺趣表现

通过"巨人历险记""大大的脚丫""秋天的痕迹"等课程鼓励儿童自由表现、大胆创造、激发内心情感的表达。

2. 艺趣设计

通过"动物世界""拼贴风景画""三原色的秘密""奇怪的六面脸"等课程培养儿童设计创作的兴趣,注重活动的功能性。

3. 艺趣欣赏

通过"我的名字""吹画的乐趣""春之花"等课程,利用感受、欣赏、领悟、理解、表达等活动方式来内化知识,形成审美素养。通过欣赏与感悟民间艺术的发展历史和绘画大师们的艺术生涯,培养儿童感悟艺术作品的内涵,提升学生文化理解的素养。

4. 艺趣探索

通过"制作连环画""镜子中的自己""玩偶剧场"等课程鼓励儿童积极进行艺术探索,培养儿童发现艺术世界的奥秘,并通过造型游戏的方式,结合其他学科能力进行有主题的创作展示。

二、学科课程设置

围绕"艺趣美术"课程理念,根据儿童认知规律,遵循由易到难、由浅入深、循序渐进原则,除了基础课程之外,我们学校设置了各年级美术拓展课程,具体如下(见表4-3)。

表4-3 "艺趣美术"课程设置表

年级	学期	艺趣表现	艺趣设计	艺趣欣赏	艺趣探索
一年级	上学期	夜晚的舞会	动物世界	我的名字	过家家
	下学期	巨人历险记	拼贴风景画	大熊猫	制作连环画
二年级	上学期	绘画的语言	三原色的秘密	吹画的乐趣	镜子中的自己
	下学期	大大的脚丫	奇怪的六面脸	好玩的影子	树上的猴子

（续表）

年级\学期		艺趣表现	艺趣设计	艺趣欣赏	艺趣探索
三年级	上学期	秋天的痕迹	动漫	DIY 陶艺	我爱我家
	下学期	起风了	棋盘乐园	线描写生——自行车	玩偶剧场
四年级	上学期	时间之快	色彩之妙	拓印之趣	特异之奇
	下学期	水墨之韵	蔬果之趣	春之花	线材之妙
五年级	上学期	物体的深浅变化	家乡的老房子	布艺	青花瓷
	下学期	节气	春节那些事	妈妈的味道	水墨画扇
六年级	上学期	旅行的轨迹	不同视角的差异	立体构成	一诗一画
	下学期	我爱我的家乡	画脸谱	具象与抽象之间	拓印的魅力

通过深度地探究和高效地实践，创新性地对课程进行设置，多维度、系统性地进行美育统整和延伸，增进了儿童对美育的感受，加深了儿童对美的认识，提升了儿童的审美素养。

第四节 培育核心素养智绘评价

依据《义务教育艺术课程标准(2022年版)》,结合美术学科实际情况,围绕"艺趣美术"课程理念,我们将从"艺趣课堂""艺趣空间""艺趣美术节""艺趣社团""艺趣沙龙"等五个途径入手,培养儿童学习美术的兴趣,发展儿童审美能力、感知能力、想象能力、创造能力等,强调儿童自主探究学习,合作互动学习,强调情感体验。通过丰富多样的美术实践活动提高儿童的整体素质,最终使儿童学会做事,学会做人,培养品质,发挥学科独有的教育功能。

一、建构"艺趣课堂",彰显课堂魅力

"艺趣课堂"是根据小学阶段儿童的身心特点而推进的有趣味的课堂,将艺术与趣味的内容融合在教学中,在课堂中激发儿童美术学习的兴趣,培养儿童的创新能力,让儿童在课堂中找到学习美术的乐趣,从而不断提升儿童的美术学科素养。

(一)"艺趣课堂"的实践操作

教学中要尊重每个儿童学习美术的权利,关注每一个儿童在美术学习中的表现和发展,明确"以儿童发展为本"的教学设计的指导思想,通过对教学目标、教学情境、信息资源、探究学习、自主学习、合作学习、学习评价等方面精心设计,从亲身体验美术实践活动中获得美的体验和感受。我们的"艺趣课堂"包含以下几个方面:

1. 有趣的造型

在课堂学习中,让儿童学会主动尝试不同的材料,进行平面、立体、动态、多维造型,用拼摆、剪塑形、折、粘贴、组合等不同的方法塑形,积极主动地探究,养成充满童真又善于思考的学习品质。

2. 有趣的设计

课堂中要有创意的设计,通过对教学内容、教学方法、教学手段等进行原创性的构思,让儿童合理地利用感受不同的材料的特性,合理地利用不同的材料传达视觉信息,探究与生活的关系,传承传统工艺,营造生活环境。

3. 有趣的欣赏

让儿童学会多角度地欣赏和认识自然美,了解美术作品的材质、形式和内容特征,并能够用语言、色彩、评述表演主题,赏析身边的美术、中国美术、世界美术、中外美术简史,更好地了解自然、了解社会与艺术的关系,涵养人文精神。

4. 有趣的探索

在美术课堂上遵循美术内部的综合性、趣味性的原则,并与其他学科在教学内容方法上互相借鉴。重视美术与社会的关系,让儿童在尝试各种学习方法中真正感受、探索、创造、评价生活中存在的美。

（二）"艺趣课堂"的评价

"艺趣课堂"主要是从教学目标、教学设计、教学方法、教学效果四个维度进行评价(见表4-4)。

表4-4 "艺趣课堂"评价细目表

执教教师		评价人		时间		
课题						
评价项目	评 价 要 点				分值	得分
教学目标	1. 目标明确、具体、针对性强,能够体现《美术课程标准》理念,符合儿童特点。 2. 面向全体,注重个性,关注情感、能力、知识技能、过程与方法的整合。 3. 能大胆尝试运用所学美术知识和技能进行创作。				25分	
教学设计	1. 教学重点突出,能够突破难点,教学内容拓展合理。 2. 面向全体,参与性强。 3. 教学内容符合创造性的特点,深浅适宜,并能够有创造性地使用教材。 4. 符合儿童的年龄特征,有利于美术审美学习和文化学习。				25分	
教学方法	1. 教学方法符合教学目标,能够注重学习方式的转变和学习能力的提高。					

(续表)

	2. 具有良好的学科素养和知识技能,并能够设计,创设适当的情景,将有趣的、有效的教学方式呈现给儿童。 3. 课堂立足美术学科素养,倡导多样化的学习,有效利用课程资源和儿童的生活资源设计课程。 4. 教学中能够体现合作、探究、实践、质疑等学习方式。	25分
教学效果	1. 落实教学目标,主动参与性强。 2. 课堂气氛宽松,学习注意力集中、积极主动表达自己的感受。	25分
亮点	存在问题	改进意见
合计 (满分100)		

二、激活"艺趣空间",浓郁美术氛围

"艺趣空间"是除课堂美术教学外,利用校园、教室、橱窗等场地,创造多彩的校园文化,构成无所不在的艺趣空间体系,潜移默化地熏陶儿童的情感,促进儿童美术能力的发展。

(一)"艺趣空间"的激活路径

1. 廊道美化

教学楼走廊外墙的美化评比,将儿童的绘画、工艺、剪纸等作品装裱并展览在墙面上,全校师生都可以欣赏。

2. 教室美化

班上同学分成四个组,每月一个主题,将教室南北墙面分成四个区域,进行班级文化墙的美化设计更好地展示窗美术。校园中的橱窗可更好地展示作品整体性。可以一橱一主题的方式进行美化。儿童在充满艺术的环境中陶冶情操,更能潜移默化地影响儿童的成长。

(二)"艺趣空间"的评价

"艺趣空间"展示了儿童最爱的创意和发挥无限奇思妙想的美术世界。每学期围绕一个活动,主题针对各个班级布置的艺术空间开展一次评价活动(见表4-

5)。

表4-5 "艺趣空间"评价细目表

项目	内容	标准等次（优 良）	结果	备注
廊道区域	1. 美术作品展示园地。美术作品内容积极健康向上，能激励儿童。			
	2. 板块整体设计有美感，主题突出，布局合理，色彩强烈。			
教室布置	1. 彰显班级文化内涵，作品内容符合主题要求，构图有美感，布局形式新颖。			
	2. 能够贴合不同年龄特点，艺术作品内容突出艺术性、趣味性、激励性和教育性。			
橱窗展示	1. 橱窗美术作品展示整齐美观，具有创意。			
	2. 每扇橱窗内容紧扣主题，反映出儿童良好的美术功底和艺术修养，具有激励性。			
特色加分	创意新颖，作品丰富，布局有创意，突出班级特色较为明显，为校园增添浓郁的艺术氛围，能给人美的享受。			
意见建议				

三、开展"艺趣美术节"，丰富校园文化

"艺趣美术节"是由各学段的美术老师精心策划，通过不同内容主题的展示活动，给儿童搭建一个学美术、玩色彩的平台，激发儿童学习艺术的兴趣，充分感受艺术的无穷魅力。让儿童了解美术的视觉美、自然美和创作的乐趣，在快乐中体验美，具有一双发现美的眼睛。

（一）"艺趣美术节"的活动设计

每年五月的最后一周为学校的"艺趣美术节"，其利用学校的美术专业教室、

教学走廊、艺术空间等地方进行展示,同时为校园增添浓厚的艺术氛围。结合儿童的年龄特点,本着人人参与,人人受益的原则,"艺趣美术节"活动由动、静两大板块内容组成,具体实施如下:

第一部分为美术作品展览。主要以儿童优秀作品展览为主,结合学校的校园文化,组织各班儿童积极参与美术作品创作,作品联系生活实际,内容健康积极向上,构图新颖、主题突出、色彩饱满、富有创意。作品项目包含绘画类、书法类、篆刻、手工、版画等传统工艺美术。

第二部分为动态展示。展示内容有手工制作坊和艺创空间两大展示区域。教师组织各个"艺趣社团"中善于展示的儿童,使儿童将兴趣与实践相结合,进行现场展示和介绍,由社团老师现场辅导。在活动中让更多的儿童学习到不同形式的美,拥有不同视觉的感受。

(二)"艺趣美术节"的评价

"艺趣美术节"课程评价是提高节日课程活动效果的促进途径,节日课程活动要规范化、科学化,真正促进儿童的发展。传统节日的评价方式从节日的主题、内容、形式、过程、效果几个方面进行评价,采用画展等现场展示的形式进行。管城区实验小学"艺趣美术节"评价细目如下(见表4-6)。

表4-6 "艺趣美术节"评价细目表

项目	评价标准	等级（优良中下）	亮点	建议
主题	美术作品主题鲜明、新颖、活泼、向上。			
	美术创作形式能展现与时俱进的精神风貌。			
内容	艺术活动的形式新颖丰富,符合儿童的年龄认知特征且富有创意。			
	艺术活动环节有效,有说服力和感染力。			
	美术活动贴近儿童生活和社会现实。			
形式	寓教于乐,有利于个性特长的展示。			
	美术活动层次分明,结构完整紧凑。			
	美术表现主题丰富多样,儿童喜闻乐见。			
	环境营造恰当,较好地深化艺术节的主题。			

(续表)

项目	评价标准	等级 (优良中下)	亮点	建议
过程	静态:美术作品装裱合理,内容丰富,氛围强烈。 动态:美术实践活动中技法熟练,表演投入,评讲到位。			
效果	艺术作品呈现形式多样、富有童趣、创意独特。 营造出"艺趣"校园氛围,形成对"艺趣美术"的理解和自豪感。			

四、丰富"艺趣社团",满足个性发展

"艺趣社团"是"艺趣美术"课堂教学的延伸,致力于满足部分儿童的个性发展,对增长儿童美术知识,提高儿童美术技能,丰富儿童的美术学习体验,同时也对校园文化的建设起到良好的作用。

(一)"艺趣社团"的实践操作

"艺趣社团"不仅可以帮助儿童学习各类绘画或手工技巧,还能培养儿童以艺术的眼光去观察和感受生活,通过多种形式的美术活动,发挥寓教于乐的学习优势,从中培养有审美能力、有情趣的人。

为丰富校本课程,同时也为迎合儿童对美术课程喜爱、好奇的心理特征,我们以丰富多彩的图像、多种形式的艺术表现、舒缓动听的背景音乐等多媒体表现形式,用讲故事、做游戏的方式在每次社团课上创设出各种具有吸引力的情境,充分调动儿童的积极性,激发儿童的创作热情。我们设置了线描社团,线是绘画中最基本的要素,我们引导儿童用不同的画笔进行形象思维和抽象思维的发展,着重培养儿童的绘画基础能力和审美能力;墨染国画社团,以临摹为主,让儿童认识毛笔等基本国画工具,学会用笔墨方法,并掌握简单的花卉、蔬菜瓜果的画法,让儿童感受传统艺术的魅力;重彩油画棒社团,体验棒形画材,用混色、层涂、刮画、分层等技法丰富作品的效果,重点学习对颜色的附着力和叠加性的控制能力,发展儿童绘画的兴趣;创意绘画社团,掌握水粉的绘画技巧,在此基础上融入其他媒材,将拼贴与绘画综合运用,表现不同的艺术效果,着眼培养儿童热爱大自然的美好情感,感受印象派大师对自然的刻画表现;斑斓水彩社团,首先欣赏优秀的水彩

画作品、名人名画名作提高欣赏水平,其次给儿童讲解一些水彩画的基本技法,主要以临摹为主,在临摹过程中边画边掌握水彩画的各种艺术表现方法,并在创作中体验水彩的干湿变化晕染和色彩的魅力。通过五个门类的社团,感受中外不同美术形式的美。儿童可根据自己的喜好,自主选择参加社团活动。

每位美术教师参与指导至少一个社团活动,认真制定学习计划、认真备课和辅导,坚持点名制度,定期组织儿童进行社团活动,培养儿童自觉探究的能力,养成良好的美术习惯,同时,教师也要注重让儿童充分展示和表达自己的创作,多给儿童表现的机会,让儿童在艺术的海洋里徜徉。

(二)"艺趣社团"的评价

社团采用多维的评价方式,其目的不在于为儿童的作品分等级或给儿童贴标签,而在于重视儿童参与评价的过程,儿童在教师的帮助下进行自我评价和自我调整,从而促进儿童巩固学习美术知识,发展实际操作能力,获得美术学习的全面发展(见表4-7)。

表4-7 "艺趣社团"评价细目表

项目	评价标准	得分	评估方法
美术社团管理与职责	美术社团管理体制完善,机构设置合理,制定符合儿童实际的社团建设实施方案、课程纲要、课时教案。(10分)		实地查看材料核实师生座谈成果展示活动巡察
	艺术社团的成员有自觉遵守社团管理,执行社团老师分配,完成学习活动的义务。(5分)		
	吸纳所有对美术有兴趣,且有一定美术基础的儿童,本着择优录取的原则,寻找有班级推荐的美术特长生参加。(5分)		
	美术社团要突出儿童的主体性和创造性,使儿童在社团活动中健康发展,得到美的熏陶。(5分)		
活动组织和开展	美术社团活动内容丰富,形式多样,体现实践性和综合性,有利于培养和锻炼艺术方面的素养。(10分)		
	不同的美术社团活动时,指导教师要关注到每一个儿童在活动中创作的表现及收获,并及时反馈和评价。(15分)		
	美术社团活动结束后,要有阶段性工作总结,尤其是要结合本社团前期活动中出现的问题及活动的效果,提出下一步的改进措施。(15分)		

(续表)

项目	评价标准	得分	评估方法
成果汇报	通过小组合作、艺术实践、欣赏介绍、展示评价,了解儿童的学习态度和能力,考察儿童的艺术表现、思维创新的能力。(25分)		
	通过儿童自评、互评和老师评价相结合,给每个儿童做出综合评价。(10分)		
合计得分:			

五、创设"艺趣沙龙",增强艺术素养

"艺趣沙龙"是面向部分爱好美术的师生定期开展的专题美术活动。在常态美术课程的基础上,通过开展不同艺术主题的系列知识讲座和作品赏析,来促进儿童发现美与创作的能力,使儿童关注心灵的感受,进一步增强儿童的审美和艺术鉴赏能力,让儿童学会在生活中发现美,拥有善良的心灵,发现美的眼睛和灵巧的双手,使自己终身与美相伴,与美一路同行,在美的滋养中健康成长。

(一)"艺趣沙龙"的实施内容

1."艺趣沙龙"主题讲座

主要内容为简单了解中外美术发展史,具有代表性的中外画家,以及不同艺术家的艺术风格。在欣赏评述的过程中,逐步提高视觉感受力,多角度欣赏自然美,让欣赏美变成一种日常,使追求美变成一种习惯,从而完善儿童的人格,使儿童了解艺术与社会、历史、文化的关系,提高探索创作艺术作品的欲望和情趣,培养人文精神。

2."艺趣沙龙"创作展

通过举办美术展览,交流、回顾、总结学习成果,为儿童提供表现自己艺术才华、个性特长、增强自信心的舞台,让全体儿童受益。教师精心辅导,严格把关,儿童大胆构思,不拘一格,精心绘制,在校内起到示范作用。

(二)"艺趣沙龙"的评价

"艺趣沙龙"的评价关注儿童参与过程中的学习态度、情感变化、艺术实践等(见表4-8)。

表 4-8 "艺趣沙龙"主题课程评价细目表

项目	主题	自评	师评	校评
学习态度	对活动感兴趣,能积极主动参与。			
情感变化	能感觉作品色彩美、造型美,理解作品体现的主题。			
艺术实践	能创作出富有创意的作品。			
	能发现生活中的素材,创作出有主题的作品。			
	能表述作品的内涵和构思。			

总之,"艺趣美术"课程致力于在愉悦的学习氛围中,扩大儿童的视野,挖掘儿童潜力,让儿童的天性、个性、童性在审美活动中得以激发,让童心、童真、童趣得到释放与延续,让儿童美术教育充满生命、充满活力、充满梦想。

(撰稿者:张娴 张文静 葛琳 龚许小君 雷盛雯)

第五章
教室是情境创设的剧场

　　教室是儿童学习生活的重要场所,儿童一天中多半的时间是在教室里度过的。教师在教室中利用一些道具、手段创设出不同的课堂情境,让课堂变成一个个妙趣横生的小剧场,给儿童带来新的体验和感受。在教室营造的剧场中,学生就是小演员,小演员在精彩梦幻的剧场里放飞梦想。和谐美妙的情境剧场让儿童感受到了生活的多姿多彩,给儿童送去了心灵的享受。儿童在教室中加深对美的认知,生命审美、艺术审美和价值观审美在教室中得以提升。

郑州市管城回族区东关小学音乐组现有专职教师6人,其中市区级优质课获得者5人,区级优秀教师2人,市级教育教学先进个人2人。音乐教研组积极参加各级各类教科研活动,多次完成省、市、区级教科研课题,并获得了管城区中小学先进教研组的荣誉,优质的师资为学科课程发展提供了有力保障。我们依据教育部《义务教育艺术课程标准(2022年版)》,推进学校音乐课程群建设,取得了显著成效。

第一节　借助美妙旋律丰盈儿童灵魂

《义务教育艺术课程标准(2022年版)》指出:"艺术是人类精神文明的重要组成部分,是运用特定的媒介、语言、形式和技艺等塑造艺术形象,反映自然、社会及人的创造性活动。艺术教育以形象的力量与美的境界促进人的审美和人文素养的提升。艺术教育是美育的重要组成部分,其核心在于弘扬真善美,塑造美好心灵。"[1]

我们认为,音乐学科的核心价值是:学习感受美、表现美、鉴赏美、创造美的能力,全面提升儿童的素质。让儿童通过运用音乐基本技能和审美,学习如何创造、表现音乐,从而发现生命之美,丰盈自我灵魂,全面提升音乐素养。

一、学科性质观

《义务教育艺术课程标准(2022年版)》中指出:"义务教育艺术课程是对学生进行审美教育、情操教育、心灵教育,培养想象力和创新思维等的重要课程,具有审美性、情感性、实践性、创造性、人文性等特点。"[2]音乐学科不仅仅要求掌握基本的学科知识,还需要提升音乐素养、人文情怀,站在"以美育人"的高位来展开教学,拓展艺术视野,传承民族及世界文化。

因此,我们的课程从音乐中的文化视角出发,具有鲜明而深刻的人文性;秉承"以美育人"的教育思想与文化传统一脉相承的教育方针,全面提升儿童的素质,具有审美性;通过聆听、演唱、演奏、综合性艺术表演和音乐创编等多种实践形式实施,具有实践性。

---

[1] 中华人民共和国教育部. 义务教育艺术课程标准(2022年版)[S].北京:北京师范大学出版社,2022:1.
[2] 中华人民共和国教育部. 义务教育艺术课程标准(2022年版)[S].北京:北京师范大学出版社,2022:1.

二、学科课程理念

依据《义务教育艺术课程标准(2022年版)》"坚持以美育人、重视艺术体验、突出课程综合"[1]的精神,结合我校历史、文化、音乐学科实际情况,提出我校音乐学科的核心理念为"唯美音乐"。所谓"唯美音乐",即"以音乐之美丰盈儿童的灵魂"的课程,具体而言:

"唯美音乐"即让儿童感受生命之美的音乐。音乐是精神的升华,给予人们不同的感受,是世界送给生命最华美的裙装。而生命是教育之本,是教育能够生动存在的灵魂。音乐学习,让音乐吟奏于心,觉悟生命之美,最终使儿童成为对生命充满热爱的美之少年。

"唯美音乐"即让儿童发现音乐之美的音乐。音乐是感情的语言,心灵的呼声,带给我们美的熏陶和享受。音乐是美的载体,是审美创造的过程,是情绪感染的过程,它像一股清泉,沁人心脾,给人以精神的洗礼、性情的陶冶,最终使儿童成为心灵得以净化和提升的美之少年。

"唯美音乐"即让儿童拥有文化之美的音乐。热爱祖国的音乐文化,增强民族意识、培养爱国主义情操,是每个人都必须具备的情感。另外,音乐无国界,当下少年更要有对不同文化的尊重和理解,以开阔的视野学习世界其他国家和民族的音乐文化,理解音乐文化的多样性,最终成为更具担当、更广视野的美之少年。

总之,"唯美音乐"凝聚着对美的认知、理解与追求,折射着生命之美的纯真,承载着对民族的担当、世界的关注、人生的探索。"唯美音乐"以独特多样化的方式培育儿童的生命审美、艺术审美、价值观审美,进而丰盈儿童的灵魂,使儿童成为一个真正拥有美的品质的人。

---

[1] 中华人民共和国教育部. 义务教育艺术课程标准(2022年版)[S].北京:北京师范大学出版社,2022:2.

第二节　打造多维目标领略音乐魅力

《义务教育艺术课程标准(2022年版)》指出:"艺术课程围绕核心素养,体现课程性质,反映课程理念,确立课程目标。学生通过课程学习逐步形成的适应个人终身发展和社会发展需要的正确价值观、必备品格和关键能力。核心素养主要包括审美感知、艺术表现、创意实践、文化理解等。"①

一、学科课程总体目标

依据《义务教育艺术课程标准(2022年版)》课程总目标的要求,我校音乐学科课程设置总体目标如下:

感知、发现、体验和欣赏艺术美、自然美、生活美、社会美,提升审美感知能力。

丰富想象力,运用媒介、技术和独特的艺术语言进行表达与交流,运用形象思维创作情景生动、意蕴健康的艺术作品,提高艺术表现能力。

发展创新思维,积极参与创作、表演、展示、制作等艺术实践活动,学会发现并解决问题,提升创意实践能力。

感受和理解我国深厚的文化底蕴和党的百年奋斗重大成就,传承和弘扬中华优秀传统文化、革命文化、社会主义先进文化,坚定文化自信,铸牢中华民族共同体意识。

了解不同地区、民族和国家的历史与文化传统,理解文化与构建人类命运共同体的关系,学会尊重、理解和包容。

二、学科课程的具体目标

根据课程总目标的要求,结合教材和教学用书,我校"唯美音乐"课程在欣赏、表现、创造、练习方面制定了各年段共同目标和校本目标,这里以四、五年级为例

---

① 中华人民共和国教育部. 义务教育艺术课程标准(2022年版)[S].北京:北京师范大学出版社,2022:5—6.

(见表 5-1)。

表 5-1 "唯美音乐"年级课程目标表

	四年级(上学期)	
第一单元	1. 通过聆听和演唱中华人民共和国国歌《义勇军进行曲》,感受歌曲的进行曲风格,初步了解我国作曲家聂耳,激发爱国主义精神。能用准确的节奏和激昂的情绪演唱国歌。 2. 用优美抒情的声音演唱歌曲《采一束鲜花》,表达对祖国妈妈的热爱和赞美之情。 3. 欣赏歌曲《歌唱祖国》,感受歌曲两个不同部分的不同情绪,体会歌曲表达的爱国主义情感。 4. 掌握旋律的进行、上行的音乐知识,能用指定的音和节奏编创上行旋律并演唱。 5. 能准确听辨和演唱附点四分音符,并能用简单的语言描述其特点。	1. 了解中华民族民间音乐在我国音乐中的地位。 2. 知道中华民族音乐的分类及特点。 3. 了解民间歌曲的定义与发展。 4. 知道汉族民间歌曲体裁类型的划分。
第二单元	1. 通过聆听和演唱等音乐实践活动,感受我国各地极富特色的音乐文化,激发对家乡和民族民间音乐的热爱之情。 2. 聆听小提琴独奏《牧歌》,了解蒙古族民歌悠扬宽广的旋律特点,感受小提琴的音色美与丰富的表现力。 3. 聆听《故乡是北京》,感受戏歌中的京腔京韵,了解戏歌的基本知识。 4. 能用轻快、活泼的声音演唱歌曲《杨柳青》,并尝试用江苏方言演唱歌曲,感受这首江苏民歌的风格。 5. 学唱歌曲《大雁湖》,感受鄂温克族民歌的风格特点,并通过改编歌曲拍号,进一步感受拍和拍的不同特点,并体会歌曲情绪的变化。	了解并欣赏中国民歌——西北民歌 1. 了解花儿的音乐特点,欣赏花儿歌曲《花儿》。 2. 了解信天游的音乐特点,欣赏信天游歌曲《兰花花》《赶牲灵》《脚夫调》等。
第三单元	1. 通过聆听和演唱一组反映校园课间、课余生活的音乐作品,感受音乐表现的课间、课余生活的放松、快乐和有趣。培养热爱生活、热爱学习的良好情趣和品质。 2. 准确、有感情地演唱歌曲《哦,十分钟》,并能用有力度对比的声音,表现歌曲两个乐段不同的情绪,表达快乐的心情。 3. 在实践中初步掌握拍的音乐知识,能感受歌曲或乐曲的二拍子音乐特点。 4. 聆听《乒乓变奏曲》,初步感受和了解变奏曲的结构,感受节奏、音符的变化所表现的不同音乐情景。尝试用变化节奏的方法编创变奏曲。	欣赏中国民歌——中原民歌。 1. 中原民歌的地区、形式及特点。 2. 代表作品欣赏《孟姜女哭长城》。

(续表)

	四年级（上学期）	
	5. 能有感情地演唱歌曲《大家来唱》，用优美和谐的歌声表现孩子们歌唱时的快乐心情。通过打击乐为歌曲伴奏等方式，体验歌曲三拍子的韵律。 6. 聆听管弦乐《陀螺》《打字机》，在聆听和律动表演的音乐活动中，加强对音乐的感受和体验，并能根据音乐节奏、速度、力度、大跳音程旋律进行等音乐要素的变化，感受音乐形象和结构，进一步体会音乐要素对塑造音乐形象的作用。	
第四单元	1. 在音乐中体验月夜带给人们梦幻般的美好意境，激发音乐想象力，并学会用轻柔的声音深情地表现这一特定情景。 2. 结合乐曲欣赏，感受音乐旋律进行的特征；能够听辨出乐曲的主奏乐器，并感受小提琴、大提琴的音色特点及其表现力。 3. 能用轻柔、连贯、优美、和谐的声音演唱歌曲，感受二声部合唱的独特魅力，表现歌曲的情绪和意境。 4. 在学唱歌曲中掌握旋律下行、连线的音乐知识，并运用于音乐实践活动。	欣赏中国民歌——华东民歌。 1. 华东民歌的地区、形式及特点。 2. 代表作品欣赏《沂蒙山小调》。
第五单元	1. 通过聆听和演唱，感受音乐所表现的快乐有趣的童心世界，表达对童年生活的热爱之情。 2. 在聆听和演唱中能够感受音乐不同的情绪，听辨或找出音乐中重复的旋律或相同的节奏，探究并体会其作用。 3. 学唱歌曲《荡秋千》，感受歌曲旋律的高低起伏以及二拍节奏表现的"荡秋千"形象，并唱出荡秋千的感觉。 4. 在实践活动中掌握拍知识，并能在歌曲《童心是小鸟》的演唱中表现出三拍子的韵律感。	欣赏中国民歌——云南民歌。 1. 了解云南民歌的地区、形式及特点。 2. 云南民歌代表作品欣赏《小河淌水》。
第六单元	1. 聆听《划龙船》《水上音乐》，演唱《小螺号》《让我们荡起双桨》，感受音乐对《水上的歌》主题的表现，体验音乐与生活、自然的交融关系。 2. 学唱歌曲《小螺号》《让我们荡起双桨》，在演唱歌曲中体会装饰音以及波浪形旋律进行给歌曲带来的表现作用，表达我们快乐的心情。 3. 学习并掌握旋律的进行方式———波浪形进行的知识，并能在音乐实践中听辨和表现。 4. 聆听安徽民歌《划龙船》，从演唱形式、节奏等音乐要素中	欣赏中国民歌——少数民族民歌。 1. 了解朝鲜族民歌风格及歌曲，欣赏《桔梗谣》。 2. 了解蒙古族民歌风格、乐器及歌曲，欣赏《辽阔的草原》。

(续表)

	四年级(上学期)	
	感受歌曲表现的情景,能编创合适的节奏表演其他的劳动场面。 5. 聆听管弦乐《水上音乐》,能从旋律进行、乐器音色等音乐要素中感受音乐富丽豪华、宏伟壮观的风格特点。	3. 了解藏族民歌风格及歌曲并欣赏《宗巴朗松》。 4. 了解维吾尔族民歌风格及歌曲,欣赏《青春舞曲》。
第七单元	1. 通过学唱歌曲《幸福拍手歌》《阳光牵着我的手》,聆听《生日快乐变奏曲》《祝你快乐》,感受音乐传递友情,表达祝福的主题和情绪,在音乐的感染下学会珍视友情,团结友爱。 2. 用轻巧有弹性的声音演唱歌曲《幸福拍手歌》,在演唱与编创活动中掌握附点八分音符知识。能为歌曲编创歌词和设计动作,边唱边表演。 3. 能听出二声部合唱歌曲《阳光牵着我的手》中的两个声部,学习二声部演唱,使音乐表现更为和谐丰满。 4. 聆听《生日快乐变奏曲》《祝你快乐》,能够从音乐的重复与变化中感受乐曲的结构,并能够根据乐曲段落的变化设计不同的动作或情景随音乐表演。	1. 民间曲艺音乐的艺术特征及唱腔类别。 2. 了解不同地区戏曲风格特点并欣赏欣赏曲例《贵妃醉酒》《谁说女子不如男》等不同风格曲风。
	四年级(下学期)	
第一单元	1. 感受舞曲的基本风格,初步了解"舞曲"这一体裁,能随着音乐用动作、节奏或舞蹈。表现音乐,体会音乐的情绪和风格特点。 2. 能听出乐曲的主题是如何重复变化并能根据主题的变化辨别乐曲的结构。 3. 学唱歌曲《我们大家跳起来》《土风舞》,能随歌曲边唱边跳体会舞曲的特征。声部、合唱做到声音统一,声部和谐。 4. 认识重音记号,能在乐曲中听辨出带重音记号的重音,并能在歌曲演唱中正确地表现出重音的效果。 5. 认识西洋吹管乐器小号,了解其表现作用,记住小号的音色。	1. 了解我国民间乐器的定义,知道民间乐器演奏在我国人民生活中的地位。 2. 了解我国民间乐器的产生和发展。 3. 知道我国民间乐器使用的分类方法。 4. 了解我国民间乐器的历史发展脉络。

(续表)

	四年级(下学期)	
第二单元	1. 通过聆听和演唱感受音乐所塑造的不同少年形象和表达的不同情绪,鼓励做一个积极向上、阳光自信、富有正义感的少年。 2. 聆听用器乐形式表现的歌曲作品,体会不同艺术表现形式的不同表现力。 3. 认识双簧管,记住双簧管的音色特点并体会其表现作用。 4. 能用自然、和谐的歌声,自信地演唱,表现歌曲《小小少年》所塑造的阳光、勇敢的少年形象。 5. 感受歌曲《我是少年阿凡提》所塑造的少年阿凡提风趣、幽默、正义的形象,感受歌曲浓郁的新疆民歌风格。能用诙谐、幽默的情绪,有表情地演唱并表演歌曲。 6. 认识变音记号——升记号♯,并能听辨和唱准旋律中带有升记号的音,体会歌曲中带升记号音的表现作用。 7. 能按"编创与活动"中指定的节奏和编创方法进行旋律创作,并能根据音乐情绪为《牧羊姑娘》主题填词和演唱。	民族乐器——吹奏乐器 1. 认识不同吹奏乐器并了解其音色特点。 2. 欣赏不同吹奏乐器著名乐曲。
第三单元	1. 感受音乐所表现的鱼米之乡的好风光以及水乡人民对家乡的热爱与自豪之情,激发热爱水乡、讴歌家乡的情感。 2. 聆听歌曲《洪湖水,浪打浪》,了解歌曲所表现的内容,感受歌曲抒发的情感。认识"二重唱"的演唱形式,体会其表现作用。 3. 聆听笛子与乐队演奏的《水乡船歌》,感受乐曲的江南水乡特色,引导能够听辨出乐曲的横向结构段落和纵向结构,主旋律与伴奏旋律,并比较乐曲几个部分之间的异同。 4. 能用连贯流畅的声音有感情地演唱歌曲《采菱》,感受歌曲所具有的江南水乡民歌的风格特点,抒发水乡孩子热爱生活、热爱家乡之情。 5. 能与同伴分角色编创动作,有表情地演唱《癞蛤蟆和小青蛙》,在学唱歌曲中认识中弱、中强的力度记号,并能运用中弱、中强的力度变化唱一唱歌曲。 6. 能运用所学知识按要求创编各种声响表现特定的情景。	民族乐器——弹拨乐器 1. 认识不同弹拨乐器并了解其音色特点。 2. 欣赏弹拨乐器代表作品。
第四单元	1. 在音乐中感受和体验童年生活的美好和有趣,唤起对家乡的热爱和对童年美好生活的珍爱之情。 2. 聆听交响童话《彼得与狼》,能在乐曲中听辨出小提琴、长笛、单簧管、大管、圆号和定音鼓等乐器的音色,说出它们所代表的角色。	民族乐器——打击乐器 1. 认识不同打击乐器并了解其音色特点。

第五章 教室是情境创设的剧场

(续表)

	四年级(下学期)	
	3. 能根据《彼得与狼》的剧情分角色进行情景剧编创和表演。能按指定节奏进行旋律的编创。 4. 能够节奏稳定地、有感情地演唱歌曲《白桦林好地方》并能按指定的节奏谱用打击乐器为歌曲伴奏。 5. 能用轻柔、连贯、优美、和谐的声音演唱歌曲《红蜻蜓》感受二声部合唱的魅力,并能按力度记号的变化表现歌曲的情感和意境。 6. 在学唱歌曲中掌握渐强、渐弱的力度记号,并能在演唱歌曲中正确地表现力度的变化。	2. 欣赏打击乐器代表作品。
第五单元	1. 感受音乐所表现的大自然的美好景象,体会音乐所表达的对自然、对生活的赞美和热爱之情。 2. 能听辨并记忆《森林的歌声》各段主题出现的顺序以及出现的次数,能用自己喜爱的方式,表现出歌曲《我爱五指山,我爱万家河》在速度和力度上的变化。 3. 能用轻柔、连贯、优美的声音演唱歌曲《西风的话》体会歌词含义,并能随旋律的进行和力度的变化表现歌曲的情感和意境。能用甜美的声音演唱歌曲《小溪流水响叮咚》,在学唱中体会歌曲旋律进行的特点,复习旋律进行的知识。能选择合适的打击乐器为歌曲伴奏。 4. 学习并掌握乐段知识,能初步根据乐句、旋律、音色、速度、力度等要素分辨歌曲、乐曲的乐段。 5. 能以郊游为内容作自由命题,采集声音编创有声画面进行表演。	民族乐器——拉弦乐器 1. 认识不同拉弦乐器并了解其音色特点。 2. 欣赏拉弦乐器代表作品。
第六单元	1. 通过聆听或演唱四首中外名家的《摇篮曲》,初步感受摇篮曲的风格特征,体会音乐所蕴含的情感。 2. 能用合适的力度、速度和音色来表现歌曲《摇篮曲》,感受两首歌曲不同的节拍特点。 3. 认识并掌握4/4拍号知识,懂得4/4拍号的含义和在音乐中的表现作用。 4. 能随教师的琴声哼唱 6/8 拍的旋律。能够通过模仿的手法编创旋律。	独奏乐欣赏,提高音乐鉴赏能力 1. 笛曲欣赏 2. 唢呐曲欣赏 3. 管曲欣赏 4. 筝曲欣赏 5. 琵琶曲欣赏 6. 胡琴曲欣赏

(续表)

	四年级（下学期）	
第七单元	1. 能用歌声表现大自然有趣的回声现象，体会音乐与自然的关系，激发感受自然之美、探索发现自然奥秘的兴趣。 2. 能听辨并用动作表现《羊肠小道》中描绘小毛驴和牛仔的两个主题，体会并联想音乐所表现的大峡谷雄伟壮观的景色和旅行者的心情。 3. 感受力度变化在音乐中的表现作用，能在音乐实践中运用力度的变化表现音乐的意境。 4. 能用清新、自然的声音，有感情地演唱歌曲《友谊的回声》，理解并表现歌曲所表达的同学间真挚美好的友谊之情。	合奏乐欣赏，提高音乐欣赏能力 1. 丝竹乐欣赏 2. 吹打乐欣赏 3. 清锣乐欣赏
	五年级（上学期）	
第一单元	1. 通过欣赏挪威作曲家格里格的管弦乐《晨景》，感受极为纯朴，具有牧歌风格的音乐。 2. 通过欣赏外国的晨景，学唱描绘中国晨景的歌曲《清晨》。学唱俄罗斯歌曲《晚风》，感受中国器乐描绘夜幕。 3. 对比国内、国外描绘早晨和夜幕的不同音乐风格。 4. 唱好二声部合唱，提高合唱表现能力。 5. 体验音乐与自然的人文性，激发对生活的热情。	了解古希腊的音乐。掌握古希腊的音乐形式。
第二单元	1. 革命歌曲留下的历史足迹，使我们不忘过去，这就是音乐的社会功能。让我们在革命歌曲的音乐中，牢记革命传统，懂得今天的幸福生活来之不易的道理。 2. 到图书馆寻找资料，在课内进行小品表演及造型设计等活动，加深对革命"足迹"的认识，使课内外的封闭式与开放式教育相结合。 3. 在唱歌实践中，掌握装饰音知识与唱法。	1. 掌握古希腊的乐器类别。 2. 了解和掌握抒情诗的概念。 3. 了解古希腊三大悲剧作家。
第三单元	1. 从音乐中体验农业丰收带来农家乐，从而促进社会的安定与发展。 2. 了解民族管弦乐队的组成常识。 3. 选择合适的音组填空，为旋律创作活动做铺垫练习。	1. 学习古希腊音阶的基本元素。 2. 掌握体系，了解相连的"大完全体系"与不相连的"小完全体系"。
第四单元	1. 本课五首中外反映"家"为题材的作品，其音乐的风格、题材、体裁均各有特点，从中感受音乐的人文性，"家"的可爱，"家"的乐趣。 2. 从改编《牧场上的家》中获得创作的经验。	1. 学习古希腊记谱法。 2. 掌握格列高利圣咏以及基本特征。

第五章　教室是情境创设的剧场

(续表)

	五年级（上学期）	
	3. 学习竖笛的长音吹奏练习，并进行二声部吹奏实践。	3. 学习并掌握歌唱方式的分类。
第五单元	1. 本课与前课是同一主题的内容。因为"故乡"是"家"的扩大，是大的家。让我们从音乐作品中领悟爱家、爱故乡的做人基本素质。并通过聆听表演、画画、写写、讲讲等多种艺术形式，表达自己对故乡的爱。 2. 继续唱好二声部合唱。 3. 了解变拍子与变音记号。 4. 从实践中初步接触变奏的创作练习。	1. 了解音乐风格及使用场合。 2. 学习教会八调式特点。
第六单元	1. 能够准确地说出歌曲是二拍子的，并能按照强弱规律击打。 2. 全班齐唱歌曲，演唱姿势正确，能够做到节奏音准较为准确地演唱歌曲。	1. 掌握中世纪记谱法。 2. 记住奥尔加农的概念。 3. 知道奥尔加农的分类。
第七单元	1. 附点节奏的准确掌握。 2. 准确而有感情地演唱歌曲《堆雪人》，能让深刻体会在雪天里堆雪人的欢乐情趣。 3. 能够用动作表现歌曲内容。体会音乐中雪的形象，引发的无限遐想。	1. 学习中世纪世俗音乐家。 2. 准确掌握流浪艺人有哪些。
	五年级（下学期）	
第一单元	1. 让我们在音乐的感染下进一步激发对大自然的热爱。 2. 表演《小鸟小鸟》《春雨蒙蒙地下》，歌曲借景抒情，运用不同的节拍、节奏表达对春天的赞美。在学唱过程中学会切分节奏。	1. 掌握法国的游吟诗人有哪些。 2. 学习并掌握游吟诗构成、特点。
第二单元	1. 聆听乐曲《北京喜讯到边寨》，感受乐曲热烈欢腾的情绪。 2. 能感受到歌曲《打起手鼓唱起歌》的新疆风格。 3. 用自然朴实优美的声音演唱歌曲《巴塘连北京》和《迷人的火塘》，边唱边表演。 4. 在学唱和听辨过程中，掌握切分音。	1. 了解新艺术实质以及它的代表人物。 2. 学习勃艮第乐派，佛兰德乐派。有哪些音乐家。

(续表)

	五年级（下学期）	
第三单元	1. 聆听《飞跃彩虹》《飞翔的女武神》，能哼唱音乐的主旋律。 2. 用欢快舒展的歌声演唱《真善美的小世界》和《小百船》。	1. 主要作品题材有哪些乐派。 2. 掌握罗马乐派创始人是哪一位。
第四单元	1. 感受乐曲《溪边景色》所表现的自然景色，能听辨出表现流水声的弦乐音色。 2. 能用欢快风趣的情绪演唱歌曲《铃儿响叮当》。 3. 能用轻快活泼的声音演唱歌曲《田野在召唤》，表达对大自然的赞美之情。	1. 学习并掌握巴洛克歌剧是怎样诞生的。 2. 欣赏作品《达芙妮》《尤丽狄茜》 3. 了解通奏低音。
第五单元	1. 能随京剧《要学那泰山顶上一青松》模唱。 2. 能听出乐曲《京调》两个不同情绪的乐段。 3. 在演唱歌曲《我是中国人》《京调》时，能表现出歌曲的京腔京韵。	1. 了解那不勒斯乐派。 2. 掌握意大利序曲速度。
第六单元	1. 能三人一组合作，分别用动作表现《花之歌》音乐的三个不同主题。 2. 能听辨出《对花》乐曲中表现"对花"的两件乐器音色。 3. 在学唱歌曲《编花篮》中，感受方言与旋律音调的关系，体会歌曲的地方特色。	1. 了解清唱剧。 2. 掌握清唱剧与歌剧的区别。 3. 掌握巴洛克奏鸣曲。
第七单元	1. 在聆听、演唱、编创和表演等音乐活动中，感受和表达守望相助和互助互爱的人间大爱。 2. 能随歌曲《爱的奉献》模唱，说出对歌曲情绪上的变化。 3. 能用亲切和欢快的声音演唱歌曲《地球是个美丽的圆》。 4. 能用优美自然的声音演唱歌曲《爱的人间》。	1. 了解作曲家。 2. 掌握协奏曲的分类。 3. 了解管风琴音乐。

学段目标根据不同年龄儿童生理和心理的发展特点，在不同学段设置具体目标。在开发儿童音乐感知力、体验音乐美感，培养音乐感受与鉴赏能力，提高音乐感受与评价鉴赏能力方面，取得了初步成效。

第三节　编织多彩蓝图充盈童年时光

我们的课程建设原则为：让儿童在精彩纷呈的音乐世界里获得美好的情感体验，感悟深邃的精神世界，积累丰富多彩的音乐语言和创编素材，对儿童进行潜移默化的素质教育，弘扬真善美，塑造美好心灵；让儿童在开放、个性而多样化的音乐课堂中，提升音乐素养和个人品质。基于此，我校音乐学科课程设置了纵向阶梯式课程模式，分为基础性课程、拓展型课程和精品课程。课程面向全体，选择有利于发展的音乐知识和技能，根据儿童的个体差异，通过灵活丰富的教学内容以满足不同层次的需求。

一、学科课程结构

依据《义务教育艺术课程标准(2022年版)》，课程内容应围绕以习近平新时代中国特色社会主义思想为指导，以落实核心素养为主线，引导学生积极参与各类艺术活动，丰富审美体验。坚持以美育人、重视艺术体验、突出课程综合[①]。构建"唯美欣赏""唯美表现""唯美创造""唯美联系"的课程结构，形成音乐学科"唯美音乐"课程群(见图5-1)。

图5-1　"唯美音乐"课程结构图

[①] 中华人民共和国教育部.义务教育艺术课程标准(2022年版)[S].北京:北京师范大学出版社,2022:2.

（一）唯美欣赏

欣赏是音乐学习的重要领域,通过欣赏,学生体验音乐的情绪与情感,了解音乐的表现要素、表现形式,感知、理解音乐的体裁与风格等,发展音乐听觉与感知能力,丰富音乐审美体验,深化音乐情感体验,提升审美感知和文化理解素养。"唯美欣赏"培养每个儿童对音乐表达独特的感受和见解。欣赏音乐作品时,有自己的情感体验,初步领悟作品内涵,从中获得有关自然、社会、人生的有益启示。针对各年级特点,制定不同的课程内容,完成对民族民间音乐、西方音乐、世界音乐等多种音乐形式的初步感知与了解。

（二）唯美表现

表现是学习音乐的基础性内容,通过表现,学生掌握声乐、器乐、综合性艺术表演所需求的基础知识和基本技能,在艺术表现中表达思想和情感,丰富音乐活动经验,提升艺术表现素养。"唯美表现"培养自信的演唱、演奏能力,综合性艺术表演能力及读谱能力。通过乐器学习、律动表演、音乐实践等活动,促进儿童能够用音乐的形式表达个人的情感并与他人沟通、融洽感情。

（三）唯美创造

创造是发挥想象力和思维潜能的音乐学习领域,通过创造,学生对音乐及其他各种声音进行探索,综合运用所学知识、技能和创造性思维,开展即兴表演和音乐创编活动,表达个人想法和创意,提升创意实践素养。"唯美创造"培养儿童发现生活中的声音美、韵律美,激发潜能进行即兴音乐创编活动。通过各种音乐要素的学习体验,发挥想象力和创造力对音乐进行创作尝试和练习。

（四）唯美联系

通过联系,学生将音乐与社会生活、姊妹艺术及其他学科加以联系和融合,并在欣赏、表现和创造等实践中结合相关文化,理解音乐的人文内涵和社会功能,开阔文化视野,提升文化理解素养。我校通过各学科融合,设置了音乐社团、艺术节、合唱比赛、古乐诗韵等精品课程及活动。"唯美联系"旨在培养有特色的音乐综合表现力,扩大音乐文化视野,促进对音乐的体验与感受,提高音乐欣赏、表现、创造及艺术审美的能力,增进文化素养。

二、学科课程设置

"唯美音乐"是根据音乐学科四大领域,针对在校实际情况量身打造的课程。所有课程依据各年级学情,由易到难、由浅入深、由单一到综合,循序渐进,贯穿一至六年级,根据不同年级的知识储备和需求编制不同的内容,由各年级段的任课老师组织实施(见表5-2)。

表5-2 "唯美音乐"课程设置表

学期	课程	唯美欣赏	唯美表现	唯美创造	唯美联系
一年级	上期	小小音乐家	DO RE MI	柯尔文手势	音乐小精灵
	下期	星光恰恰恰	奥尔夫律动	认识小乐器	打击乐伴奏
二年级	上期	迎新年	打击乐器	隆冬呛	喜庆秧歌
	下期	狮王进行曲	画出旋律线	模仿情景	情景剧表演
三年级	上期	小小指挥家	魅力声音	美妙音阶	美丽的黄昏
	下期	音乐会观演须知	合唱知识介绍	趣味和声	飞来的花瓣
四年级	上期	弦乐四重奏	西洋乐器	听辨乐器音色	听音乐画乐器
	下期	彼得与狼	管弦乐团配置	制作乐器模型	欣赏音乐会
五年级	上期	抗日小英雄	合唱指挥	我是怎样长大	红色歌曲演唱会
	下期	京腔京韵	音乐小知识	我爱戏歌	戏曲大舞台
六年级	上期	波斯市场	交响童话	创编律动	音乐情景表演
	下期	阿细跳月	民族乐器	听音乐画意境	趣味纸杯舞

丰富的"唯美音乐"课程满足了不同年龄段儿童对探索音乐世界的需求,全面培养了儿童的音乐核心素养。

第四节　造就品质课堂提升儿童趣味

《义务教育艺术课程标准(2022年版)》指出:"重视学生在学习过程中的艺术感知及情感体验,激发学生参与艺术的兴趣和热情,使学生在欣赏、表现、创造、联系、融合的过程中,形成丰富、健康的审美情趣,强调艺术课程的实践导向,使学生在艺术体验为核心的多样化实践中,提高艺术素养和创造能力。"[1]综合性学习既符合音乐教育的传统,又具有现代社会的学习特征,有利于在感兴趣的自主活动中全面提高音乐素养,是培养主动探究、团结合作、勇于创新精神的重要途径,应该积极提倡。我校音乐课程所倡导的"润物无声,以音乐之美丰盈灵魂"的课程理念,注重培养个性和创造实践能力。因此在综合性学习实践活动中可以践履所学,做到"知行合一",从而培养良好的音乐素养和合作意识及团队精神。我校通过构建"唯美课堂"、研发"唯美课程"、打造"唯美精品"、实施"唯美融合"、开展"唯美实践"等多种途径,推进"唯美音乐"课程的全面实施。

一、构建"唯美课堂",奠定素养之基

通过引导儿童学音乐,提高感受美、表现美、鉴赏美、创造美的能力,陶冶情操,发展个性,启迪智慧,丰富和发展形象思维,激发创新意识和创造能力,全面提升儿童的音乐素质。为践行美育,变单一音乐课堂为以"美"为核心、知行合一的课堂教学,并结合我校历史、文化、音乐学科实际情况,我们构建了"唯美课堂"。

(一)"唯美课堂"的内涵与实施

"唯美课堂"是目标明确,内容广泛,过程灵活,方法多样,注重人文的课堂。

1. 目标明确

学习目标在学习过程中起着方向性和决定性的作用。学习目标的确立应真

---

[1] 中华人民共和国教育部.义务教育艺术课程标准(2022年版)[S].北京:北京师范大学出版社,2022:2.

正的以儿童为主体,基于学习需要、学习内容和特征分析,让儿童能获得新知识,能对音乐有独特理解,能理解音乐背后的人文情感。总而言之,学习目标必须能让儿童在经过一系列的学习活动后达到可测量的效果。

2. 内容广泛

生活有多么广阔,音乐就有多么广阔,因其学科的特殊性,音乐学科利用资源把知识拓宽,还把日常生活等各方面资料引进课堂,丰富课堂内容,创新课堂形式。每节课的学习内容,应体现音乐与生活的融通,体现情感、态度与价值观的转化,体现心灵的成长。

3. 过程灵活

教师认真钻研教材,正确理解、把握教材内容创造性地使用教材,积极开发、合理利用课程资源,灵活运用多种教学方法和现代教育技术,努力探索新的教学方式;精心设计和组织教学活动,重视启发式、讨论式教学,启迪智慧,提高音乐课堂质量。在学习过程中,力求有丰富的情感,饱满的激情,审美的眼光,探求的精神和强烈的人文情怀。

4. 方法多样

教师根据儿童在课堂上的学习表现和学习效果变化来调整教学方法,充分调动儿童的主动性和积极性。"唯美课堂"学习内容或选取贴近生活的话题进行互动,或引导关心生存环境,关注生命健康等等。"唯美课堂"以灵活多变的教学设计和教学智慧滋养心灵,促进智慧成长。

5. 感情丰富

"唯美课堂"除了掌握学科知识,还肩负着培养道德修养的责任,"唯美课堂"鼓励儿童去抒发自己真的情感,从音乐中寻找灵感,用真情关注,用智慧激活。课堂焕发着生命的活力,呈现出"唯美课堂"的人文气息。

"唯美课堂"由重讲授、重结果向重活动、重实践、重能力改变,具体实施如下:

1. 开展集体备课

学科组长带领学科教师定期进行集体备课活动,集合众长,推进学校美育发展。在课堂教学中,充分利用各方面资源,始终以"唯美课堂"为核心,开展不同形式、不同主题、不同目的的拓展课,在不断实践反思中提升课堂品质。

2. 创新课堂形式,领悟生活本真

音乐学习不仅要能满足心理、情感、精神、审美等多方面价值的需要,还需要有自己独特的理解和领悟。在不断的教学实践中,教师始终以"唯美课堂"为核心,创新多种课堂形式,如探究式课堂、合作式课堂、问题式课堂等。此外,"唯美课堂"充分发挥儿童的主体性、创造性、合作性,这些课堂形式充分结合校情、学情,有力地推进了"唯美课堂"的发展,全面提升儿童的音乐素养,让儿童在新颖有趣的课堂活动中,对音乐与生活的联系,有更深刻的理解。

3. 注重潜移默化

"唯美课堂"涉及面非常广,让儿童树立良好的道德情操,最终形成积极正确的人生态度及价值观,这是音乐课堂至关重要的内容。"唯美课堂"根据音乐学科的特点,注重熏陶感染、潜移默化,把与课堂相关的道德内容渗透于日常的教学过程之中,并与现实相结合,让在学习音乐知识及提高音乐能力的同时,受到不断的感染,培养正确的价值观。

(二)"唯美课堂"的评价标准

根据"唯美课堂"的内涵特点,学校从教学目标、教学内容、教学过程、教学方法以及人文素养方面,制定"唯美课堂"评价标准,促进教师专业发展,引领课堂发展方向(见表5-3)。

表5-3 "唯美课堂"评价量表

评价项目	评 价 内 容	得 分
目标明确 (20分)	1. 学习目标基于学科素养和课程标准,适合校情、学情,具体明确,操作性强,体现知识技能,思想方法的统一,突出灵活性和实践性。 2. 在学习目标的基础上形成清晰的教学思路。	
内容广泛 (20分)	1. 学习内容注重情景化、生活化,引导创造性地使用教材。 2. 通过整合相关学科知识,帮助儿童对学习内容进行精深加工,会构建知识框架,会联系生活实际。	
过程灵活 (20分)	1. 突出儿童的主体地位,引导大胆实践,积极交流,勇于展示个性化观点。 2. 通过变式拓展,鼓励不同层次的儿童进行个性展示,发展求异思维,引导广泛参与课堂学习。	

(续表)

评价项目	评价内容	得分
方法多样 (20分)	1. 能根据学习内容帮助儿童选择恰当的学习方式,并体现学习方式的灵活性、多样化。 2. 从关注"教"走向关注"学"注重学法和策略指导,能实施有效的介入课堂,精讲点拨,变式拓展。鼓励不同层次的儿童进行个性展示,发展求异思维。	
感情丰富 (20分)	1. 通过音乐的学习,体会中华文化的博大精深,增强文化自信,理解、认同、热爱中华文化,继承弘扬优秀传统文化。 2. 通过音乐作品赏析,吸收人类文化的精华,并提升自己的音乐素养,树立积极向上的人生理想,增强社会责任感和使命感。	
综合评价		

二、研发"唯美课程",建设音乐特色课程

《义务教育艺术课程标准(2022年版)》强调儿童在学习中起主导作用,因此在教学中提高儿童的学习兴趣变得尤为重要。基于此,我们开展了多种多样的音乐拓展性课程,让儿童参与其中,在乐中学,在乐中思,学习兴趣自然就提高了。通过多种途径学习音乐,让我们的音乐课程丰富且唯美,逐渐培养儿童的综合音乐素养,推进音乐特色课程建设。

(一)"唯美课程"的开发与实施

依据"以唯美丰盈灵魂"的理念,结合不同年龄儿童的心理发展水平和音乐认知特点,音乐学科开展了"遇见哆来咪""流动的旋律""舞动指尖""我和我的祖国""音乐童话""环球音乐之旅"等综合音乐素养课程(见表5-4)。

表5-4 "唯美课程"的设立与实施

课程名称	课程内容	组织实施
遇见哆来咪	以简谱为主要内容,简单认识及了解常用音乐符号。	每周开设一次课,授课对象为一年级全体儿童,采用零基础教学,利用校本教材进行授课。
流动的旋律	以听音视唱为主要内容,学习正确的发声方法,能正确掌握常用的节奏型。	每周开设一次课,授课对象为二年级全体儿童,以听音模唱为主,循序渐进,使建立基本的音准体系。

(续表)

课程名称	课程内容	组织实施
舞动指尖	以学习口风琴、认识五线谱为主要内容,掌握演奏口风琴的方法及技巧。	每周开设一次课,授课对象为三年级全体儿童,以口风琴为载体,采取课上教学与课下练习相结合,提升儿童对音乐的表现力。
我和我的祖国	以欣赏具有代表性的中国传统音乐及乐器为主要内容。	每周开设一次课,授课对象为四年级全体儿童,选取具有代表性的中国传统音乐及乐器,采用视频资料与教师讲解相结合的方式,使儿童了解中国传统音乐,增强民族意识,培养爱国主义情操。
音乐童话	以欣赏西方各时期具有影响力的古典音乐作品及了解相关音乐家为主要内容。	每周开设一次课,授课对象为五年级全体儿童,选取作品以中世纪—文艺复兴—巴洛克—古典时期的时间线条为主体,选取各时期具有影响力的作品及音乐家,使儿童了解音乐发展的基本脉络,提高音乐鉴赏力。
环球音乐之旅	以欣赏非洲音乐、拉美音乐、亚洲其他国家的民族音乐为主要内容。	每周开设一次课,授课对象为六年级全体儿童,选取世界各地具有代表性的民族音乐,以非洲音乐、拉美音乐、亚洲其他国家民族音乐为主,进行风格区分和旋律鉴赏,开阔视野,理解音乐文化的多样性。

(二)"唯美课程"的评价标准

根据"唯美课程"的内涵特点,评价关注学科理念的落实和实践效果的体现,围绕"唯美课程"以及音乐教育的基本和核心流程,我们制定了"唯美课程"评价表(见表5-5)。

表5-5 "唯美课程"评价表

评价项目	评 价 内 容
课程价值	能更好地配合学校搞好素质教育,丰富校园文化生活,启发儿童学习音乐的兴趣,培养儿童的音乐审美能力、艺术修养及表现能力,弘扬个性发展,激发儿童的艺术潜能和特长,音乐校本课程给每个儿童的发展提供新的舞台。
课程目标	1. 符合每个年级段的特点,激发儿童学习音乐的兴趣。 2. 丰富音乐知识的积累,扩宽儿童在音乐方面的视野,使其了解基本的音乐常识。 3. 培养儿童的团队意识、协助精神,提升了儿童的欣赏水平。

(续表)

评价项目	评 价 内 容
课程内容	1. 一年级"遇见哆来咪"奠定了学习音乐的基础,能够看懂教材上的谱子,有利于音乐课的教学实施。 2. 二年级"流动的旋律"是在简谱认识的基础上的提升,能够进一步提高儿童的音乐素养。 3. 三年级"舞动指尖"能够把对简谱和五线谱的认识运用到实际的演奏中,可以用口风琴表达音乐,展示音乐的魅力。 4. 四年级"我和我的祖国"结合课程的特点,提供感兴趣的中国民族音乐,通过对中国民族音乐的了解,激发儿童的爱国热情。 5. 五年级"音乐童话"在欣赏中国民族音乐的基础上欣赏西方音乐,扩展了儿童的音乐视野,提升了儿童对音乐的欣赏力。 6. 六年级"全球音乐之旅"结合中国民族音乐和西方音乐的欣赏,丰富了儿童的音乐储备,使儿童可以具备初步评价音乐的能力。
课程安排	校本课程与教材课程的结合增加了学习的兴趣,符合儿童的学习特点,有利于校本课程与教材课程的同时推进。
课程形式	1. 在课堂上注重的音乐素养的积累,让儿童有表演的欲望。 2. 恰当运用多种教学方式方法、教学手段和教具等。
教学过程	1. 尊重儿童学习的主体地位,调动了其主动参与课堂的积极性和表现欲。 2. 教师新授后,开展有效的合作学习的计划并展示,巩固了学习内容,并为儿童提供了展示的机会,建立自信。
成果展示	1. 增强儿童的自信心,提升儿童的舞台表现力。 2. 能够认识自己的学习水平,对自己的音乐掌握有一定的认知。
参与度	1. 能够创设和谐民主的课堂教学氛围,促进人人参与。 2. 能够设置面向每个儿童的课堂,促进人人参与。 3. 能够创设动态教学的课堂,增强参与的乐趣。

三、打造"唯美社团",发展音乐兴趣

社团活动的开展,作为学校课堂教育的外延,发挥着重要的作用,不仅能充分发挥儿童的独特个性,锻炼儿童的合作、创造能力,还有助于全面培养儿童的"人格素养""学科素养""人文素养"。基于此,我校音乐学科以创办"唯美社团"为途径,满足个性发展需求,打造精品课程,培养有较高音乐素养的儿童。

（一）"唯美社团"的创建与实施

提升社团的品质是我们一直追求的方向，我们一改过去的兴趣型社团的形式，向特长型、专业型发展转换，逐渐拓展的艺术视野。特创办宫羽社团、丝竹琴社、青禾舞蹈、音乐之声、快乐小U社团，涵盖声乐、舞蹈、器乐等综合音乐素养的学习。社团具体介绍如下：

宫羽社团，以中国独特古老的民族乐器古筝为学习中心，训练相关演奏技巧、音乐表现力。培养热爱民族乐器，传承中国传统文化的人文素养。通过定期举办汇报演出、六一展演等展示活动，充分体验音乐创作的过程。

丝竹琴社社团，以中国民族乐队中必不可少的击弦乐器扬琴为学习中心，以传承古朴悠远的文化蕴涵，洋溢青春烂漫的音符色彩，弥漫典雅清韵的艺术芬芳，为倡导中华音乐文化，传承与发扬我们的艺术精粹尽一份微薄之力。我们以独奏、合奏、民族乐团的训练方式培养儿童的审美，提高儿童的协作以及音乐素养能力。

青禾舞蹈社团，借助舞蹈的桥梁提升儿童对艺术的理解以及领悟能力，提高审美，培养形体美的同时，也关注内在美，加强儿童的自信心，促进健康成长。

音乐之声社团，我们对儿童进行听觉和乐感的培养，通过不同的发声练习来规范儿童的声音，进一步提高演唱水平和演唱技巧。定期排练合唱作品，让儿童走进纯净的音乐世界，净化洗涤心灵。

快乐小U社团，以夏威夷四弦弹拨乐器尤克里里为学习中心，通过乐器的学习，调剂学习生活，使其情感得到宣泄，精神得到适度放松；丰富想象力、创造力，感受世界多元文化。

基于以上社团的开展，我校音乐组制定了相应的社团章程、社团管理制度等，努力使社团工作有章可循，逐步摸索出贴近实际需求，符合社团发展规律的方法。

我们一直遵循着学校对社团发展的要求，形成了以"活力，向上，创新，传承"的社训，集汇报演出、社团考核、六一汇演融合交流于一体的综合性的社团，共同打造美之社团。

（二）"唯美社团"的评价标准

完善的评价制度是社团管理的重要部分。"唯美社团"采用多元化评价标准，着重关注儿童的兴趣发展需求，培养儿童的实践能力，提高儿童的合作意识，促使社团活动有序进行。"唯美社团"从方案与章程、活动参与、活动效果等方面进行评价(见表5-6)。

表5-6 "唯美社团"评价量表

评价项目	评价标准	得分	评估方法
活动前：方案章程	社团管理体制完善,机构设置合理,制定符合儿童实际的社团建设方案、课程纲要、课时教案。(5分)		1. 实地查看 2. 材料核实 3. 师生座谈 4. 成果展示 5. 活动巡查
	社团会员人数适合,规模适度,成员资料档案齐全。(5分)		
	社团会员人数适合,规模适度,成员资料档案齐全。(5分)		
	指导教师认真负责。(10分)		
	儿童社团要突出儿童的主体性和创造性,使儿童在社团活动中自治自理、健康发展。(5分)		
	社团活动空间固定,环境良好,有相应的文化建设。(5分)		
活动中：过程参与	经常和定期开展社团活动,组织有序,记录完善。(20分)		
	社团活动内容丰富,形式多样,体现实践性和综合性,有利于培养和锻炼儿童多方面的素质,再现和表现校园文化精神。(10分)		
活动后：效果	社团成员或集体活动成果显著。(20分)		
	在梦想嘉年华展出活动中表现突出,对儿童有一定的吸引力。(5分)		
	每个学期至少在公众号或美篇上发布信息报道5篇。(5分)		
合计得分			

四、实施"唯美融合",传承中华传统文化

"唯美融合"是音乐与语文、科学等其他学科相融合的综合性课程。儿童在舞台剧中感受音乐美、形体美、诗词美、文化美,能够用舞台表现的方式实现现场演绎,从而热爱古典诗词与古典音乐,传承中华传统文化。

（一）"唯美融合"的主要做法

我校主要依据教师的专业优势和儿童的兴趣双向选择,采用跨学科教师同上一门课的方式,全面培养具有较高综合素养的儿童。

每周一次,两节连上,分设两个班级,每班级舞蹈、器乐、吟唱同时进行。课程

内容有:上学期《游子吟》;下学期《悯农》。二、三年级加入初级班;四、五年级加入高级班(暂不开设,由初级班生成)。学校先从初级班开始培养,先从小合唱团选出 30 名儿童左右加入,具体课程安排如下(见表 5-7)。

表 5-7 "唯美融合"课程设置表

学期 \ 课程	吟唱	舞蹈	器乐
上学期	周一 合唱歌曲《游子吟》 授课教师:	周三 歌曲舞蹈编排 授课教师:	周四 歌曲配乐 授课教师:
下学期	周一 合唱歌曲《悯农》 授课教师:	周三 歌曲舞蹈编排 授课教师:	周四 歌曲配乐 授课教师:

(二)"唯美融合"的评价标准

为维持"唯美融合"良性发展,学校实行课程准入资格、学科团队发展、学习发展来制定评价机制,体现多元的评价意识。我们将教学活动从教学目标、教学设计、教学活动、教学效果四个方面进行系统评价,关注教师教学方式和学习方式的转变(见表 5-8)。

表 5-8 "唯美融合"课程活动评价量表

学科	音乐	班级		时间		地点		分值
指教者		课题						
教学目标	通过"唯美融合"的课程学习,能够用学科知识进行创作,表达情感与思想,提高音乐素养。							满分 10
教学设计	必须做到与古乐诗韵内容相融合,内容围绕古诗词,赋予想象和创造力。发挥的自主性、创造性、趣味性,体现融合之美的教学策略。							满分 20
教学活动	教师表现:教学思路清晰,设计富有创意,体现以儿童为本意识,教学过程清晰,脉络流畅自然,有利知识与技能建构,教学预设充分,课堂生成精彩,参与积极,教学机制灵活,点拨引导到位,体现因材施教。							满分 25

(续表)

	学生表现:主动积极参与,有效合作学习,敢于大胆发挥创造、表演。	满分25
教学效果	基本实现教学目标:学习的主动性与创造性;有效互动与合作;过程的实践性;最终达到舞蹈美、声音美、舞台表现美相融合。	满分20
评课意见		

五、开展"唯美时刻",提升音乐审美

为了能使儿童充分发挥主观能动性,并在自己感兴趣的活动中创造出具有个人特色的课程,我校开展了不同主题的"唯美时刻"活动。

(一)"唯美时刻"的实践操作

以班级为单位每天播放音乐欣赏片段10分钟,每周10首,根据学龄特点安排曲目,每月重复欣赏。内容涉及中国传统音乐、西方古典音乐、世界民族音乐等。每学期期末测试音乐赏析,听辨乐曲的情绪与情感、题材与形式、风格与流派。检测老师为音乐组全体老师(见表5-9)。

表5-9 "唯美时刻"课程实施内容表

学段	学期		曲 目 安 排
一年级	上学期	第一周	诗词歌曲:《春晓》《咏鹅》《游子吟》《悯农》《明日歌》
		第二周	动物有关:《小青蛙》《野蜂飞舞》《森林狂想曲》《口哨与小狗》
		第三周	必学歌曲:《义勇军进行曲》《国际歌》《歌唱二小放牛郎》
		第四周	钢琴曲:《卡农》《星光圆舞曲》《小星星变奏曲》《少女的祈祷》
	下学期	第一周	圣—桑曲集:《狮王进行曲》《大象》《公鸡母鸡》《乌龟》
		第二周	《袋鼠》《水族馆》《林间杜鹃》《长耳动物》《钢琴家》
		第三周	《鸟笼》《化石》《天鹅》《终曲》《引子与回旋随想曲》
		第四周	动物相关民族音乐:《赛马》《百鸟朝凤》《鸿雁》《老虎磨牙》

(续表)

学段	学期		曲 目 安 排
二年级	上学期	第一周	民族管弦:《百鸟朝凤》《快乐的啰嗦》《金蛇狂舞》《瑶族舞曲》
		第二周	圣—桑曲集:《大象》《乌龟》《野马》《长耳动物》《终曲》
		第三周	京歌:《打花巴掌》《故乡是北京》《大碗茶》《我爱北京天安门》
		第四周	新年音乐曲集:《春节序曲》《金蛇狂舞》《晚会》《窗花舞》
	下学期	第一周	舒伯特曲集:《舒伯特奏鸣曲》《小夜曲》《蜜蜂》《鳟鱼》
		第二周	格里格曲集:《春天》《蝴蝶》《夜曲》《a小调钢琴协奏曲》
		第三周	圣—桑曲集:《狮王进行曲》《天鹅》《公鸡母鸡》《袋鼠》《水族馆》
		第四周	维吾尔族音乐:《木卡姆》《青春舞曲》《新疆好》《阿拉木汗》
三年级	上学期	第一周	钢琴曲:《秋日私语》《童年的回忆》《致爱丽丝》
		第二周	久石让曲集:《天空之城》《菊次郎的夏天》《四季的问候》
		第三周	琵琶曲集:《十面埋伏》《阳春白雪》《草原小姐妹》
		第四周	古筝曲集:《浏阳河》《南泥湾》《茉莉芬芳》《战台风》
	下学期	第一周	民歌:《捉泥鳅》《蜗牛与黄鹂鸟》《童年》《兰花草》
		第二周	二胡曲集:《空山鸟语》《江河水》《良宵》《赛马》《月夜》
		第三周	巴赫曲集:《雨中巴赫》《G弦上的咏叹调》《无伴奏大提琴组曲》
		第四周	赞美家乡的歌:《谁不说俺家乡好》《在那桃花盛开的地方》
四年级	上学期	第一周	聂耳曲集:《毕业歌》《义勇军进行曲》《卖报歌》《风云儿女》
		第二周	小提琴曲集:《梁祝》《钟》《吉普赛之歌》《沉思》
		第三周	小夜曲:肖邦《小夜曲》,舒伯特《小夜曲》,莫扎特《小夜曲》
		第四周	戏曲:《夜深沉》《红灯记》《甘洒热血写春秋》《梨花颂》
	下学期	第一周	柴可夫斯基曲集:《那不勒斯舞曲》《天鹅湖》《四季》
		第二周	外国民歌:《白桦林好地方》《红河谷》《红梅花儿开》
		第三周	摇篮曲:舒伯特《摇篮曲》,格里格《摇篮曲》,莫扎特《摇篮曲》
		第四周	门德尔松曲集:《春之歌》《乘着歌声的翅膀》《随想回旋曲》

(续表)

学段	学期		曲 目 安 排
五年级	上学期	第一周	柳琴曲集欣赏:《剑器》《春到沂河》《热情》《雨后庭院》
		第二周	电影插曲:《Do Re Mi》《飞跃彩虹》《小小少年》《两颗小星星》
		第三周	京剧欣赏:《行云流水》《沙家浜》《空城计》
		第四周	四川民歌:《康定情歌》《黄杨扁担》《采花》
	下学期	第一周	古筝曲集:《渔舟唱晚》《将军令》《高山流水》《汉宫秋月》
		第二周	革命历史歌曲:《在太行山上》《游击队歌》《黄河大合唱》
		第三周	民族管弦乐:《丰收锣鼓》《喜洋洋》《彩云追月》《龙腾虎跃》
		第四周	莫扎特音乐:《小星星变奏曲》《土耳其进行曲》
六年级	上学期	第一周	江苏民歌:《茉莉花》《拔根芦柴花》《太湖美》《杨柳青》
		第二周	民歌:《青春舞曲》《嘎达梅林》《森吉德玛》《编花篮》
		第三周	戏曲:《亲家母你坐下》《贵妃醉酒》《女驸马》《智取威虎山》
		第四周	民族管弦乐曲:《春节序曲》《金蛇狂舞》
	下学期	第一周	古诗词歌曲:《满江红》《水调歌头》《琵琶行》《如梦令》
		第二周	民歌:《月光下的凤尾竹》《小河淌水》《沂蒙山小调》
		第三周	音乐之声插曲:《孤独的牧羊人》《雪绒花》《玛利亚》
		第四周	贝多芬作品:《命运交响曲》《悲怆》;民乐合奏:《春江花月夜》

(二)"唯美时刻"的评价标准

"唯美时刻"活动坚持评价维度的多样化,从音乐的整体性进行活动的评价,实施过程中采取师评的评价标准(见表5-10)。

表5-10 "唯美时刻"活动评价量表

评价维度	评 价 内 容	师评	评语
音乐表现要素 (20分)	能够听辨各种音色,能够感受音乐的力度、速度的变化,能够认识并听辨各种乐器的音色,能够认识常见的中国民族乐器和西洋乐器,并能听辨其音色。		
音乐情绪与情感 (30分)	能够体验并听辨音乐所表达的各种情绪,能够感受音乐情感的发展变化,并能简要描述或通过多种形式表达出来。		

(续表)

评价维度	评价内容	师评	评语
音乐体裁与形式 （30分）	能够分辨不同的音乐体裁与形式，聆听音乐主题，答出曲名和作者。		
音乐风格与流派 （20分）	通过聆听音乐，能够说出主要的音乐流派，音乐风格和音乐流派的代表人物。		

六、激活"唯美六一"，尽显多姿风采

"唯美六一"是为激发儿童对音乐魅力的热爱，提高对快乐六一的认知，培养儿童音乐素养的活动。

（一）"唯美六一"的活动设计

"唯美六一"活动以班级为单位提前准备音乐节目，节目类型可分为声乐、舞蹈、器乐、戏曲、语言类等。体裁不限，内容积极阳光向上。

活动通过低中高三个学段的不同主题进行开展，主题分别为《缤纷童年》《最美童年》《放飞梦想》。实施内容：（1）新少先队员入队仪式；（2）表彰优秀儿童；（3）班级优秀节目、社团优秀节目、艺术节优秀作品展演；（4）校级合唱团、打击乐团和管乐团作品展演。

（二）"唯美六一"的评价标准

"唯美六一"活动坚持评价维度的多样化，从节目的整体性进行活动的评价，实施过程中采取大众评和师评相结合的评价标准（见表5-11）。

表5-11 "唯美六一"活动评价量表

评价维度	评价内容	大众评	师评	平均分
精神面貌 （20分）	精神饱满，富有朝气，队形整齐，上下台有序。			
服装，音乐 （20分）	服装整洁统一，音乐清晰。			
节目寓意 （30分）	积极向上，符合比赛主题要求。			
艺术表现 （30分）	大胆自信歌唱、舞蹈，投入感情，动作自然，感染力强。			

七、推进"唯美赛事",提升团队意识

"唯美赛事"主要由以弘扬传统美德为载体,以团队精神为核心的班级合唱比赛活动构成,旨在弘扬中华传统美德,增强认同感,同时训练儿童的舞台表演能力。

(一)"唯美赛事"的活动实施

"唯美赛事"之班级合唱比赛的主题有:弘扬中华传统美德、红领巾心向党、争做新时代好队员等。以班级为单位准备合唱比赛。比赛分为初赛、复赛、决赛,评委老师为音乐组全体老师及学校领导。比赛结束,根据评分设置一、二、三等奖(见表5-12)。

表5-12 "唯美赛事"实施内容表

主题 年级	上 学 期	下 学 期
一年级	弘扬中华传统美德	放飞春天的梦想
	参考曲目:《咏鹅》《洗手绢》	参考曲目:《春晓》《星光恰恰恰》
二年级	狂欢的音乐会	红领巾心向党
	参考曲目:《快乐的音乐会》《阳光下的孩子》	参考曲目:《共产团歌》《中国少年先锋队队歌》
三年级	唱响四季的歌	争做新时代好队员
	参考曲目:《四季童趣》《捉迷藏》	参考曲目:《祖国祖国我们爱你》《只怕不抵抗》
四年级	快乐的校园	阳光少年
	参考曲目:《哦,十分钟》《大家来唱》	参考曲目:《小小少年》《我是少年阿凡提》
五年级	音乐的足迹	大自然的畅想曲
	参考曲目:《雨花石》《我怎样长大》	参考曲目:《田野在召唤》《铃儿响叮当》
六年级	中国京剧	古风新韵
	参考曲目:《校园小戏迷》《说唱脸谱》	参考曲目:《游子吟》《但愿人长久》

（二）"唯美赛事"的评价标准

"唯美赛事"活动注重儿童表现能力的培养和音乐素养的提升，故而采用大众评和师评相结合的多维评价标准（见表5-13）。

表5-13 "唯美赛事"活动评价量表

评价维度	评价内容	大众评	师评	平均分
精神面貌（20分）	精神饱满，富有朝气，队形整齐，上下台有序。			
指挥（25分）	指挥节奏手势正确，与伴奏音乐速度一致，动作大方、到位，具有带动力。			
服装、伴奏（25分）	服装整洁统一，伴奏清晰。			
艺术表现（30分）	歌曲内容：积极向上，符合比赛主题要求。 发声：音色优美，声音统一，整体和谐，吐字清晰。 表现力：能大胆自信地歌唱，投入感情，动作自然，感染力强。			

八、设计"唯美艺术节"，展示校园文化

艺术节以学校为基础，面向全体儿童，重点在普及儿童的基础上抓特色培养，体现"向真、向善、向美、向上"的校园文化特质，引导儿童树立正确的审美观念，陶冶情操，提高感受美、鉴赏美、表现美、创造美的能力，促进儿童音乐素养的提升。基于此，我们开展了"唯美艺术节"实践活动。

（一）"唯美艺术节"的活动实施

"唯美艺术节"以学校为单位，组织、开展内容丰富、形式多样的学校音乐活动，广泛发动全体儿童参与。每两年举办一次为期四周的综合性"唯美艺术节"活动。具体实施如下：

每周确立一主题，所有音乐活动围绕主题开展。

第一周主题是"欣赏音乐会"，分为专业音乐会和儿童音乐会。专业音乐会包括观看专业音乐团体现场演奏及欣赏专业音乐会视频等形式。儿童音乐会由小管乐班或由儿童自发组织进行现场演奏。

第二周主题是"音乐大讲坛",分为专家讲座和儿童讲座。专家讲座包括观看专家现场讲座和观看视频等形式。儿童讲座以班级为单位推选一名儿童进行音乐讲座,围绕主题自行准备演讲内容及形式。

第三周主题是"音乐园游会",以班级为单位进行展示准备。板块分为静态和动态的展示。静态展示以班级为单位制作展板、海报、班级文化等,内容为音乐小百科、制作手工小乐器、音乐与学科融合等。动态展示以班级为单位在校园开展音乐创编活动,音乐小品、戏剧、歌曲演唱、快板等形式并开展相同主题的班会活动。活动时间安排:周一至周三准备,周四音乐园游会,周五音乐班会。

第四周主题是"艺术节展演",经过前三周的准备与积累,第四周以年级为单位推送1—3个节目。分为低年级专场(一至三年级)和高年级专场(四至六年级)。内容包括社团节目及班级节目。通过展演最终评选出学校"唯美艺术节优秀节目"。

(二)"唯美艺术节"评价标准

"唯美艺术节"让儿童在活动中充分感受、鉴赏、表现、创造艺术之美。活动坚持多维的评价标准,采用儿童评价和教师评价相结合的评价标准,考察儿童的音乐素养和积极参与活动及团结协作的能力(见表5-14)。

表5-14 "唯美艺术节"活动评价量表

评价维度	评价内容	儿童评价	教师评价	平均分
积极参与活动(30分)	大多数儿童都能够积极参与某一主题活动。			
综合音乐素养(25分)	整体综合音乐素养的提升。			
班级团队合作(20分)	团结协作、团队表现突出。			
艺术表现的评定(25分)	大多数儿童都能够自信地表现自己。			

九、举办"唯美音乐会",提供实践平台

为丰富校园音乐文化生活,进一步提升儿童的音乐素养和品位,增强儿童之间的交流与友谊,展现风采,学校定期举办"唯美音乐会"。

（一）"唯美音乐会"活动实施

活动期间，征集六一优秀展演节目、合唱比赛获奖节目、艺术节比赛获奖节目等，以庆祝新年活动为主题，开展音乐会。节目由音乐组老师从声乐、器乐、舞蹈、音乐剧、表演五大类，每个类别中分别选出3—5个节目，作为"唯美音乐会"的参演节目。

（二）"唯美音乐会"评价标准

为了体现儿童各方面的能力，采用星级评价制，综合节目类别评选出金星级、银星级、铜星级节目，在举行音乐会后由校领导和音乐组教师对各类别节目进行交流、评价，再结合各年级代表进行讨论、交流和评价（见表5-15）。

表5-15 "唯美音乐会"活动评价量表

评价维度	评价内容	组评	师评	平均分
精神面貌的评定（20分）	精神饱满，富有朝气，队形整齐，上下场有序。			
节目编排的评定（25分）	编排新颖、有创意，符合主题要求，表演过程完整、流畅。			
服装、伴奏的评定（25分）	服装整洁统一，伴奏清晰。			
艺术表现的评定（30分）	积极、热情地参与表演，表情丰富，状态投入，有良好的合作意识和在群体中的协调能力。			

"唯美音乐"是我们共同的教学追求。在"唯美音乐"的引领下，走进音乐世界，感受音乐之美，我们的音乐教学能展示出深厚的教学功底、充满美的教学艺术，力求形成自主学习、师生合作、人文渗透的创新课程。我们倡导关注审美性、实践性、人文性，发现音乐的形式美，注重实践的创造美，音乐语言的情感美，音乐所渗透的生命之美。

（撰稿者：王晓珂 谢艳萍 赵歌 郭坤 陶文君 代怡超）

第六章
教室是转化课程性质的场域

每个儿童都有属于自己的思维天地，教室就是那片澄澈明朗的天空，儿童在这片净土下肆意生长，不断制造出新的事物，不断迸发出新的想象，不断呈现出新的思想，与教师实现良好互动。这种动态生成的过程，促使更易于学生理解的课程被开发和构建。在该过程中，我们在探索本真中重视直接经验的获得，在追求新知中扩充经验和智慧的释放，进而促使教室转化为具有强大吸引力的趣味活动场域，成为表现儿童个性和创造能力的教室。

郑州市管城回族区东关小学美术学科教研组现有专职美术教师9人,研究生学历2名,本科生学历4名,大专学历3名,其中省、市、区级优质课获得者6人。美术教研组教师积极参加各级各类教科研活动,多次完成省、市、区级教科研课题,并逐步形成了一支以中青年教师为主的、朝气蓬勃、奋发向上的学科团队。组织儿童多次参加各级各类艺术节及比赛活动,屡获佳绩。教师团队不断丰富知识储备,努力提高专业素养,致力营造良好的校园艺术教育氛围,让艺术弥漫校园、滋润生命,优质的师资为学科课程发展提供了有力保障。依据教育部《义务教育艺术课程标准(2022年版)》,在制定学校美术课群建设方案的基础上,不断推进学校美术课程群建设。

第一节　触摸艺术遇见本真底色

一、学科性质观

《义务教育艺术课程标准(2022年版)》指出："义务教育艺术课程是对学生进行审美教育、情操教育、心灵教育，培养想象力和创新思维等的重要课程，具有审美性、情感性、实践性、创造性、人文性等特点。义务教育艺术课程以立德树人为根本任务，培育和践行社会主义核心价值观，着力加强社会主义先进文化、革命文化、中华优秀传统文化的教育；坚持以美育人、以美化人、以美润心、以美培元，引领学生在健康向上的审美实践中感知、体验与理解艺术，逐步提高感受美、欣赏美、表现美、创造美的能力，抵制低俗、庸俗、媚俗倾向；引导学生树立正确的历史观、民族观、国家观、文化观，增强爱党、爱国、爱社会主义的情感，坚定文化自信，提升人文素养。"[1]新课标凸显了美术课程在以艺术体验为核心的多样化实践中，担负着提高儿童的艺术素养和创造能力，弘扬经典传统文化，弘扬真善美，塑造美好心灵的重要任务。

审美性是美术课程的重要特征，实践性是美术课程的重要基础，人文性是美术课程的深刻内涵，创造性是美术课程的追求目标。我校强调教师要把美术课程变为具有强大吸引力的趣味活动，成为表达情感和创造能力的课堂，获得丰富审美体验的课堂，实现新课标中的以美育人，引导儿童树立正确历史观、民族观、国家观、文化观，增强爱国主义情感，坚定文化自信，提升人文素养，弘扬真善美，塑造美好心灵的要求。

二、学科课程理念

依据教育部《义务教育艺术课程标准(2022年版)》，根据美术学科课程"坚持

---

[1] 中华人民共和国教育部.义务教育艺术课程标准(2022年版)[S].北京:北京师范大学出版社,2022:1.

以美育人、重视艺术体验、突出课程综合"[1]的精神,我们希望通过美术课程,帮助儿童提升思想情感和审美趣味,丰富儿童的物质及精神世界,激发儿童无限的创造潜能。基于此,结合我校历史、文化,我们将"灵性美术,唤醒儿童艺术天性"确定为学科课程理念,力求激发儿童的艺术天性,开启无限可能,让儿童在课程中把艺术融入思维与生活,让智慧绽放于思考与创新。"灵性美术"课程是启智创新、提高审美修养、激发灵性、展现自我、打造美好生活的课程。"灵性美术",助力儿童拥有更美好的生命之旅,其具体内涵如下:

"灵性美术课程"是启智创新的课程。美术教育的一个重要任务就是要促进儿童的智力发展,特别是促进儿童的观察力、思维能力、想象力、创造力和创新能力的发展。"灵性美术课程"就像儿童成长过程中的一支火炬,点燃了他们生命中创造的火花,并在他们小小的心灵上播下一颗"独创"的种子。课程给儿童提供充分的引导与支持,把儿童引入一个非凡的世界,在这奇特的世界中任由儿童展开想象的翅膀,闪耀灵性的光芒。同时提供更多的鼓励和展示舞台,让他们充分体会到创新的魅力,这将激励他们不断地去探索与追求,将创新精神伴随终身。

"灵性美术课程"是提高审美修养的课程。灵性课程让儿童懂得用敏锐的眼睛去观察事物,用心去体会事物。通过对优秀艺术作品的鉴赏与模仿,让儿童在亲身体验中增强审美意识和生活情趣,激发对美术活动的爱好和兴趣,使身心得到健康发展。

"灵性美术课程"是激发灵性展现自我的课程。艺术教育是充满灵性的教育,更是发展儿童灵性的重要渠道。我们常常发现,儿童画纸上那些与众不同的色彩、线条与形象和谐而富于个性,体现着奇思妙想,闪耀着灵性的光芒,冲击着人的心灵。作为老师,我们力求贴合儿童的成长需求,设置能增强其思考力、探究力和创新力的美术课程,将想象、创造、游戏、艺术完美融合,探究儿童美术教育学的新模式,充分激发儿童主动参与的热情,时刻注意捕捉儿童这种闪光点,使他们心中那片独特神奇的内心世界得以充分展现,使儿童真正享受求学过程的精彩和艺术创造的乐趣。

---

[1] 中华人民共和国教育部.义务教育艺术课程标准(2022年版)[S].北京:北京师范大学出版社,2022:2.

"灵性美术课程"是打造美好生活的课程。教育家杜威说"教育即生活",儿童与生俱来就热爱生活中美好的事物,引导儿童用基础的艺术形式表现生活中的美,让儿童真正领会美源自生活,学会在生活中发现美、创造美,培养儿童对美好生活不可熄灭的向往,培养积极向上健康的精神品质,让儿童在美的领悟中塑造自己,受益终身。

第二节 直抵心灵探求浑然天成

《义务教育艺术课程标准(2022年版)》指出:"学生观察自然、了解社会、感悟人生,探究、体验、领会艺术的魅力,积极、主动参与艺术活动……运用现代媒介和数字媒体技术再现与表现世界,在艺术的世界中求真、崇善、尚美。"[1]

一、学科课程总体目标

现依据《义务教育美术课程标准(2022年版)》中"造型·表现""设计·应用""欣赏·评述"和"综合·探索"四个学习领域来设置"灵性美术课程"的学习目标,详情如下:

(一)"造型·表现"领域学习目标

运用线条、形状、色彩、明暗、材质、肌理等美术语言,选择使用各种美术工具进行造型活动,体验不同媒材的效果,增进想象力和创新意识;体验造型活动的乐趣,敢于创新和表现,产生对美术学习的持久兴趣;掌握不同的美术造型方法与语言,创造出具有西方光影、缤纷色彩、东方韵味不同美感的作品。

(二)"设计·应用"领域学习目标

尝试从形状与用途的关系,运用对称与均衡、对比与和谐、节奏与韵律等组合原理设计、装饰物品,学会设计创意与工艺制作的基本方法,大胆想象,追求创意,美化身边环境;感受各种材料的特性,根据意图选择媒材,合理使用工具与制作方法,进行初步的设计和制作活动,体验设计、制作的过程,发展创新意识与创造能力;将造型方法与拓展材料相结合,运用美术语言赋予轻泥、卡纸等材料新的美感与活力,理解设计来源于生活,又服务于生活。

---

[1] 中华人民共和国教育部. 义务教育艺术课程标准(2022年版)[S]. 北京:北京师范大学出版社,2022:7.

（三）"欣赏·评述"领域学习目标

随堂欣赏教材的中外美术作品，认识美术作品、艺术珍品的材料、内容和形式等特征，知道重要的美术家和美术作品，用美术术语表达对艺术作品的感受和理解；了解美术与生活、历史、文化的关系，提高对自然美、美术作品和美术现象的兴趣，初步形成审美判断能力与健康的审美情趣，崇尚文明，珍视文化遗产，增强民族自豪感；了解书本中所列举的重要艺术家的艺术特色与代表作，了解同时代重要艺术家的不同艺术特色与代表作，拓宽对手工、民俗画、传统艺术、现代艺术的理解。

（四）"综合·探索"领域学习目标

了解美术各学习领域的联系，以及美术学科与其他学科的联系，学习美术学科与其他学科融会贯通的方法，提高综合解决问题的能力；通过综合性的活动，体会美术与音乐、美术与戏剧、美术与社会、美术与传统文化的关系；开阔视野，拓展想象的空间，激发探索未知领域的欲望，体验探究的愉悦和成功感；能创意性地突破传统的绘画技法与语言，将美术语言与生活、科技、创想、文化、服饰等相联系。

二、学科课程年级目标

依据《义务教育美术课程标准（2022年版）》，根据对教育部义务教育教科书《美术》（2013年版，湖南美术出版社）教材和我校校本课程进行研究分析，我们从"造型·表现""设计·应用""欣赏·评述""综合·探索"四个学习领域设置"灵性美术课程"年级学习目标，这里以四至六年级为例（见表6-1）。

表6-1 美术学科年级学习目标表

年级	学期	目标	共同目标	校本目标
四年级	上学期	第一单元	进一步认识线条、形状、色彩与肌理等造型元素，体验不同媒材的效果，通过观察、绘画、印制等方法表达所见所想。	初步了解中国画的水分控制及笔墨应用，掌握正确执笔、运用墨色的方法，明白"墨分五色"并学习墨与水、墨与色的调配与宣纸特性所产生的变化，从而体验彩墨的乐趣。

(续表)

年级 \ 学期 \ 目标		共同目标	校本目标
	第二单元	认识设计和工艺的造型、色彩、媒材，学习对比与和谐、对称与均衡等原理，用手绘或立体制作的方法表现设计构想。	掌握写意花卉执笔方法和笔墨变化，尝试感受与特殊媒材相结合产生的趣味效果。
	第三单元	随堂欣赏教材里中外美术作品，描述作品，表达感受与认识。	认识中国画的形式和艺术特色，体验中国画的笔墨情趣，并临摹中国画。
	第四单元	采用造型游戏的方式，结合其他学科进行美术创作与展示，发表创作意图。	通过临摹国画花鸟、山水的绘画技法，鼓励儿童练习并大胆创作。
下学期	第一单元	进一步正确认识形状、结构，学习线描画技法，感受线描与色彩相结合的绘画元素，学习对比与和谐、对称与均衡等形式原理，激发丰富的想象、唤起创作的欲望。	运用基本的造型语言与表现手法将动漫与人物、生活、创意、影视广告相结合，理解中外漫画的不同风格。
	第二单元	学习使用各种工具，体验不同媒材的效果，通过绘画、镂印、制作等方法感受设计和工艺与其他美术活动的区别，正确、安全地使用各种工具和材料，关注工序过程，从而发展创新意识。	通过不同的材料表现动漫形象，锻炼儿童的动手能力与创意思维。
	第三单元	学习从多种角度欣赏与认识美术作品，并用恰当的语言文字描述作品，学会用美术语言表达感受与认识，提高视觉感受，初步形成审美判断能力。	欣赏中外动漫名家的作品；设置《漫画构图》《漫画构思》《漫画风格》欣赏课，感受画面中的颜色与线条，通过欣赏名家的作品中提升自身的美感。
	第四单元	采用造型游戏的方式，结合其他学科内容进行美术创作与展示，并发表创作意图，将美术学科与其他学科相结合，提高综合解决问题的能力。	初步掌握重组、创作、续画、联想、主题等方法，逐渐挖掘和开发孩子的想象力，激发儿童热爱卡漫，积极学习卡漫绘画的热情。

(续表)

年级	学期	目标	共同目标	校本目标
五年级	上学期	第一单元	选择美术工具材料,运用美术语言表现喜欢的古建筑、动物、风景等并传递独特思想。	用线描的形式绘画城隍庙、文庙和商代大鼎等身边的古建筑和文物。
		第二单元	运用组合原理和各种材料制作方法,设计装饰物品,改善环境与生活,与他人交流创意。	用鼎的外形和纹样绘画或制作手提袋、汗衫、鞋子、手机壳等生活中的物品。
		第三单元	欣赏认识美术作品、艺术珍品,了解制作皮影、陶瓷器的技术及其历史背景,感受美术表现的多样性,表达感受与理解。	利用图片诉说管城商代历史文化及商鼎的前世今生。
		第四单元	通过综合性的活动,体会美术与音乐、戏剧、社会、传统文化的关系。	采用不同的艺术手法表现自己对鼎的认识和理解,可以用书法、线描、泥塑、POP或彩绘等方法。
	下学期	第一单元	运用基本美术语言,选择工具材料,表现喜欢的书包、文具、工程车及风景,传递独特思想。	学习简单的篆刻方法,创作一方属于自己的印章,在方寸之间体现自己对印章的认识。
		第二单元	运用组合原理和各种材料制作设计服装,并能改善环境与生活,与他人交流创意。	利用学过的知识设计一枚邮票,可以采用商鼎纹样,也可以用自己喜欢的其他形式表现。
		第三单元	欣赏美术作品、收集相关的历史文化背景,了解感受美术表现的多样性。	了解敦煌壁画的历史和绘画特点,对"画"大师,模仿大师的风格创作。
		第四单元	通过综合性的活动,体会美术与音乐、戏剧、社会、传统文化的关系。	分析色彩、排列形式和创作手法的不同,体会树叶的神奇变身,通过涂涂、画画、排排等方式让落叶化腐朽为神奇。

(续表)

年级	学期	目标 单元	共同目标	校本目标
六年级	上学期	第一单元	运用美术语言，描绘立体图形，选择工具、材料记录所见所闻，传递独特思想。	学习三种左右艺术装饰字体的写法和常用装饰小图案的设计方法，为设计完整的POP打好基础。
		第二单元	运用组合原理设计招贴画，制作园林小景模型和装置艺术，大胆想象，追求创意。	选择不同的视觉风格，确定元素、版式、字体、色彩等，设计一幅令人过目难忘的校园海报。
		第三单元	欣赏认识美术作品，了解盆景、园林、雕塑、插花等艺术及其历史文化背景，表达自己的理解与感受。	搜集中外优秀海报进行集中赏析，拓宽儿童的思路，提升儿童的审美，进而更快地设计出完美的校园POP。
		第四单元	结合学校与社区活动，运用其他课程的知识进行设计展示，体会美术与人文、自然环境的关系。	通过不同综合材料的尝试和应用，设计制作精美海报，于儿童节在校园内进行展出，让更多的儿童认识并喜欢POP。
	下学期	第一单元	运用美术语言，选择美术工具材料，表现风景、静物等图画，传递独特思想。	初步进行简单造型表现，初次感受水彩的独特魅力，激发进一步探究水彩画的兴趣。
		第二单元	运用组合原理及各种材料制作方法，设计产品包装、吉祥物、毕业留言册页，并相互交流创想意图。	运用对称与均衡、对比与和谐、节奏与韵律等组合原理，运用各种材料，设计制作出手帕、丝巾等。
		第三单元	了解中外代表性的艺术家，学会欣赏抽象绘画，了解美术作品内容、形式以及表现方法，表达对美术作品的感受。	欣赏近代水彩画名作，了解大师的绘画风格，品味作品的形式美、意象美及独特的艺术语言，学会用简单的美术术语表达对作品的感受和理解。
		第四单元	通过综合性的活动，体现学科内和跨学科综合，体会美术与文学、社会、传统文化、现代文化的关系。	探索其他材料如油画棒、马克笔等进行水彩画多种技法的创作，完成作品后进行成果展示。

儿童以个人或集体合作的方式参与美术活动，在美术学习过程中，丰富视觉、触觉和审美经验，获得对美术学习的持久兴趣，形成基本的美术素养。

第三节　珍视思维迸发奇妙想象

我校美术学科课程群建设是在国家课程与特色课程建设的基础上,进行的课程整合、重组和资源优化配置,既注重儿童基础教育,又注重拓展教育的特色化;既充分发挥课程在课程群中的独特作用,又加强各课程之间的有机联系和内在逻辑性。我校在传授知识、培养能力与提高素质的基础上,创建了拔尖儿童培育的课程框架和动态课程体系,设置了"灵性美术课程"。课程面向全体儿童,根据儿童的兴趣爱好、年龄层次、个体差异等方面,合理设置课程安排,通过丰富多彩的教学内容满足不同层次儿童的需求。

一、学科课程结构

依据《义务教育艺术课程标准(2022年版)》将美术课程分为"造型·表现""设计·应用""欣赏·评述"和"综合·探索"四大学习领域,基于此,"灵性美术"课程以教育部义务教育教科书《美术》(2013年版,湖南美术出版社)教材为基础,形成我校"灵性美术"课程框架,将我校"灵性美术课程"划分为"灵性塑型""灵性创设""灵性赏析""灵性展艺"四大类(见图6-1)。

（一）**灵性塑型**

造型是指运用描绘、雕塑、拓印、拼贴等手段和方法创作视觉形象,体验造型乐趣,表达情感和思想的学习领域。造型与表现是美术创造活动的两个方面,造型是表现的基础,表现是通过造型的过程和结果而实现的。"灵性塑型"课程根据儿童不同年龄阶段身心发展特征与美术学习的实际水平,以多样的活动形式和丰富的学习内容,给儿童全新独特的体验,鼓励儿童积极参与造型表现活动,如"浓淡河虾""彩泥器皿""趣味点彩""漫绘五官"等。

（二）**灵性创设**

设计是指运用一定的物质材料和手段,围绕一定的目标和用途进行设计与制作,传递交流信息、生活及环境,培养设计意识和实践能力的学习领域。通过设计

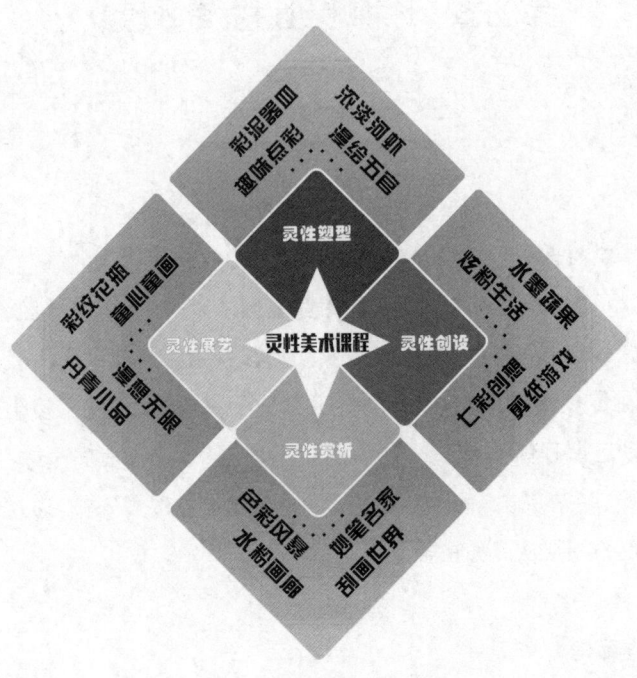

图6-1 "灵性美术课程"结构图

领域的学习活动,儿童了解"物以致用"的设计思想,并运用设计和工艺的基本知识和方法,进行有目的的创意、设计和制作活动,发展创新意识和创造能力。"灵性创设"课程注重儿童养成事前预想、设计的行为习惯以及耐心、细致并持之以恒的学习态度,通过"剪纸游戏""七彩创想""炫粉生活"等课程的学习,提高设计的基本知识掌握,从而进行构思、绘画、创作活动,增强创新意识、提高创造能力,使儿童对身边事物的审美评价能力得以提高。

(三)灵性赏析

美术欣赏评述活动是儿童对自然美和美术作品等视觉世界进行欣赏和评述,逐步形成审美趣味和提高美术欣赏的学习领域。通过欣赏评述领域的学习活动,激发儿童参与欣赏评述活动的兴趣,学习多角度欣赏和认识自然美和美术作品的材质、形式和内容物质及了解中外美术发展概况。逐步提高视觉感受能力,掌握运用语言、文字和形体表达自己的感受和认识的方法,形成健康的审美情趣、发展审美能力,逐步形成崇尚文明、珍惜优秀民族艺术与文化遗产、尊重世界多元化文化的态度。

"灵性赏析"课程注重儿童的积极性的增长与知识面的扩大,课程提供丰富的教学条件,引导儿童掌握最基本的美术欣赏方法,学会通过图书馆、展览馆、网络、电视等多种渠道收集相关的知识信息,锻炼儿童"自主搜索→研究→学习→表达"的能力。让儿童在文化情境中理解美术作品,培养儿童的人文精神。如"民俗手工赏"让儿童了解中国地方民俗文化,引导儿童了解美术作品与现实生活的紧密联系,使欣赏与评述活动更贴近生活;"中外动漫赏"通过欣赏中外动漫发展历程,让儿童领略不同国家的文化风格;"妙笔名家"通过感受历代国画大家的作品风采,让儿童体会画家的性格与他们在作画时丰富情感的抒发。

(四)灵性展艺

美术"综合·探索"领域是通过综合性的美术活动,引导儿童自己探索、研究、创作及其综合解决问题的美术学习领域。其将美术和各学习领域融为一体,与其他现实社会相联系。学习灵活运用各学科的知识设计探索性活动的方案,进行探究综合性的美术活动,并以各种形式表达。"灵性展艺"课程强调美术在人类的生产和生活领域中具有极其广泛的应用价值,强调美术应与现实生活紧密联系起来,加强跨学科教学的研究与整合,加强美术各门类、美术与其他学科、美术与现实社会的联系,设计出丰富多彩的"综合·探索"学领域的活动,使美术真正服务于社会,体现它的真正价值。如"节日贺卡""我的小绘本""创意世界"等课程,都是让儿童将学习知识融合汇总,用不同方式表达出自己的想法。

二、学科课程设置

"灵性美术"课程是根据美术学科四大学习领域,针对在校儿童实际情况量身打造的课程。所有课程依据各年级儿童学情,由易到难、由浅入深、循序渐进,贯穿一至六年级,根据不同年级的知识储备和儿童需求,编制不同的内容,由各年级段的任课老师组织实施(见表6-2)。

表6-2 "灵性美术"课程设置表

年级\学期	课程	灵性塑型	灵性创设	灵性赏析	灵性展艺
一年级	上学期	初识点线面	黑白器皿	星夜	乐动书签
	下学期	轻松玩彩泥	剪纸游戏	民俗手工赏	节日贺卡
二年级	上学期	初识黏土	色彩世界	黏土工坊	创意黏土
	下学期	跨越时空	镜中的自己	蒙娜丽莎和达芬奇	我的小绘本
三年级	上学期	出演名画	美术馆印象	名画的故事	走进美术馆
	下学期	边画边拼	遨游迷棋	国民艺术	校室新风
四年级	上学期	彩墨游戏	丹青团扇	走进名画	花鸟山水
	下学期	初识动漫	黏土动漫	走进漫画	创意世界
五年级	上学期	身边的古建筑	生活中的鼎	"图"说管城	"艺"言商鼎
	下学期	一方印	一枚"票"	对"画"大师	一片"叶"
六年级	上学期	POP设计	图形文字	海报赏析	海报招贴秀
	下学期	清新水韵	七彩创想	大师名作赏析	彩画童真

"灵性美术"课程的设置，有利于丰富美术教学的内容，提高美术教学的效率，开展有特色的形式多样的美术教学活动。

第四节　评价多元诠释成长自信

依据《义务教育艺术课程标准(2022年版)》,"以习近平新时代中国特色社会主义思想为指导,以落实核心素养为主线,引导学生积极参与各类艺术活动,感受美、欣赏美、表现美、创造美,丰富审美体验,学习和领会中华民族艺术精髓,增强中华民族自信心与自豪感"[①]。开发"灵性课程",构建"灵性课堂""灵性社团",举办"灵性艺术节""灵性嘉年华",将美术与其他学科的知识技能相结合,提出解决问题的思路和方案。在参与综合探索活动中,能主动学习和探究,在交流合作时能尊重、理解他人的看法,促进儿童全面发展。

一、开发"灵性课程",丰富学科课程内容

我们着重从以下几方面实施"灵性课程",不断提升儿童的美术学科能力。

(一)"灵性课程"的内涵与实施

1. 灵性塑形

在课程活动中,儿童学会主动寻找与尝试不同的材料,通过各种造型活动,把看、画、做、玩融为一体,积极主动地学习和探究,训练艺术技能,养成充满童真又善于思考的学习品质。在活动中体验造型的乐趣,进行敢于创新的表现,产生对美术学习的持久兴趣。不仅要关注儿童学习的结果,还要重视儿童在活动中参与和探究的过程。

2. 灵性创设

让儿童了解"实用和美观并存"的设计思想,并运用设计和工艺的基本知识、基本方法,进行创意、设计和制作活动。儿童在课程活动中感受各种材料的特性,合理利用多种材料和工具进行制作活动,提高动手能力。让儿童用美的眼

---

① 中华人民共和国教育部. 义务教育艺术课程标准(2022年版)[S]. 北京:北京师范大学出版社,2022:2.

睛去发现生活,养成事前预想和计划的行为习惯以及耐心细致、持之以恒的学习态度。突出应用性、审美性和趣味性,使儿童保持浓厚的学习兴趣和创造欲望。

3. 灵性赏析

对艺术作品的欣赏和评述过程,有助于儿童了解中外美术家及其代表作,多角度欣赏和认识自然美,了解美术作品的材质、形式和内容特征,逐步提高视觉感受能力,掌握运用语言、文字、形体表达自己感受和理解的基本方法,形成健康的审美情趣。使欣赏美变成一种日常,追求美变成一种习惯,让儿童逐步形成崇尚文明、珍惜民族艺术与文化遗产、尊重世界多元文化的态度,用美的作品去表达自己,用美的语言去感染他人,用美的行动去美化环境。让儿童通过欣赏评述的主题活动,更好地了解艺术与社会、艺术与历史、艺术与文化的关系,涵养人文精神。

4. 灵性展艺

让学生感受中外美术的魅力,表达自己的想法,学做传统工艺品,装点我们的生活,并融入跨学科学习。结合我国传统节日,自主选择合适的方式展示成果,在展示和表演的过程中提高欣赏和评价的能力。让儿童在认识美术与生活密切关系的过程中,培养解决问题的综合能力。

(二)"灵性课程"的评价要求

"灵性课程"以儿童在美术学习中的客观事实为基础,注重对儿童艺术实践、美术语言的培养,并从收集整理资料、整体观察生活、作品个性体现、作画行为规范、备齐学具、运用美术语言几方面来评价(见表6-3)。

表6-3 "灵性课程"评价标准表

项目	要素	灵性课堂达标			
		达标	结果	待达标	结果
收集整理资料	收集信息	课前收集相关图像信息和文字资料,视觉积累丰富。		视觉图像资料、文字资料积累少。	
	挖掘情趣	能以多种美术形式表现平凡生活中不平凡的情趣。		观察生活中大众化现象。	

(续表)

项目	要素	灵性课堂达标			
		达标	结果	待达标	结果
整体观察生活	观察方法	从整体到局部的观察顺序进行观察。		只能观察事物细节。	
	观察目的明确	对艺术创作的需要进行观察。		观察目的不明确。	
作品个性体现	个性独特	能将自己的个性体现在美术作品创作当中。		作品停留在复制与抄袭。	
作画行为规范	画姿正确	作画过程中,眼睛与画面能保持一尺的距离,身体端正,双脚平放。		趴伏桌面进行艺术创作。	
	美术用具	美术用具摆放整齐,用后归回原位。		美术用具摆放无序,课后教室卫生差。	
备齐学具	学具资料齐全	能根据不同类型的美术课程需求及时备齐所需用具和材料。		用具和材料不全,导致美术创作出现困难。	
	学具摆放有秩序	学具使用前后按规矩摆放到位。		学具摆放没有规矩,造成桌面凌乱,影响教学任务的完成。	
运用美术语言	美术语言	能运用相关美术语言进行表述。		在表述过程中,缺少美术语言的使用。	

二、构建"灵性课堂",培育美术素养

"灵性课堂"将艺术性和趣味性的课堂内容融入教学中去,在课堂中凸显儿童的个性发展,鼓励儿童的不同见解,能从舒适、美观、便利的角度发现日常生活用品存在的不足,并用手绘草图的形式提出改进建议,让思维激荡思维,让思想冲撞思想,让方法启迪方法。让儿童拥有欢喜心,对美术学习充满兴趣,课堂上静心地听,放飞自我地想,奔放地创作,找到学习的乐趣。

（一）"灵性课堂"的内涵与实施

"灵性课堂"是美术教育特色化、个性化、校本化的具体实施。"灵性课堂"推进策略：

1. 深化校本教研，提高教学实效

美术教研组按照教学常规制度，每周至少听一节随堂教学观摩，做到"随时听、随堂听、集中评"。每节观摩课后，由组内听课教师依据《灵性课堂评价标准》进行量化评分，并就课堂出现的问题集中进行研讨，适时修正。还要以小课题研究为切入点，针对当下教育热点、课堂教学中的难点或共性问题进行"主题式"校本教研，并定期邀请专家参与、引领，最大限度发挥校本教研在美术课堂教学中的作用。

2. 坚持民主评教，尊重儿童主体

儿童是教育教学的对象，更是学习的主体。因此在美术课堂教学中，组内教师力求关注到不同层次的儿童，帮助每个儿童获得良好的学习体验。同时，通过问卷调查，从儿童角度了解教师教学中的不足，从细节入手，提升教学质量。

（二）"灵性课堂"的评价要求

美术课程评价是促进儿童全面发展、改进教师教学、提升美术课程不断进阶的重要环节。"灵性课堂"从"欣赏""创造""融合"和"表现"四类艺术实践进行评价（见表6-4）。

表6-4 "灵性课堂"评价量表

评价类别	评价指标	评价标准	优	良	合格	待努力
欣赏	丰富	1. 生动、形象，富有美感，有利于儿童的美术审美学习和文化学习。 2. 有利于陶冶儿童性情和高尚情操，有利于儿童创造能力与实践能力等多种能力的培养。 3. 创造性地使用教材，教学容量适当，深浅适宜。				
创造	灵动	1. 思维空间开放，能主动、积极提出问题，发表不同见解。 2. 提出的问题具有个性、有价值和创造性。 3. 能自主学习、合作探究、质疑问题。				

(续表)

评价类别	评价指标	评价标准	评价结果			
			优	良	合格	待努力
融合	灵性	1. 尊重儿童个体差异,创设和谐共生的课堂氛围。 2. 体验乐趣,陶冶情操,轻松愉快,循序渐进,勇于进取,克服困难,耐心细致。 3. 大胆果断,有良好的学习习惯。				
表现	适宜	1. 具有美术探究和创新兴趣,审美能力和实践能力得到培养,文化得到熏陶。 2. 能用不同视觉观察感知审美对象,体验充分、想象丰富、思维活跃,获得相应的知识技能。 3. 能大胆尝试运用所学美术知识和技能进行表现与创造,展示个性。				
亮点		存在问题		改进意见		

三、建设"灵性社团",打造优质社团品质

社团是顺应时代发展、时代进步的要求,不断创新资源开发,为实现儿童共同意愿或满足个人兴趣,自发组织的群众性儿童活动。学校开展各类美术社团活动是对美术课堂的补充,既能丰富课程内容,又能提升儿童绘画技能和艺术审美能力,同时对校园文化建设起到良好的作用。

(一)"灵性社团"的内涵与实施

"灵性社团"充分发挥每个人的主体性和创造性,在活动中凸显儿童的个性发展。儿童通过学习和活动,不仅学到多媒材绘画的技巧,还能认识生活和评价生活,用艺术的眼光去观察生活,用审美的心态去体验生活,有意识地去欣赏生活中的美,体会生命所赋予人生的特殊含义。

"灵性社团"课程选择不仅仅为提升儿童的美术知识和技能,而且融入了中国传统经典文化,从儿童的个人修养入手,组成丰富的课程内容。依照美术学科"造

型·表现""设计·应用""欣赏·评述"和"综合·探索"四大学习领域,我校设置了"寻梦敦煌"线描速写社团、"书之有道"书法社团、"玩转水墨"国画社团、"动漫前线"卡通动漫社团、"童眼看世界"多媒材儿童画社团等五个门类的灵性社团。课程注重对儿童个性与创新精神的培养,通过灵活丰富的教学内容引导儿童将创意转化为具体成果(见表6-5)。

表6-5 "灵性社团"课程设置表

年级	学期	灵性社团课程			
		表现形式	欣赏认知	合作探究	综合实践
一年级	上学期	一笔一画描绘童声	小试牛刀	学习基本笔画(横、竖、撇、捺、点、横折、竖折)。学会写两字作品。	周末美术馆参观书画展,提升儿童欣赏能力。
	下学期	一浓一淡挥洒诗意	兴趣养成	学习基本笔画(走之底、半包围结构、全包围结构)。学习写四字作品。	名家书法赏析;将创意转化为具体成果。
二年级	上学期	童眼看世界	扎实基础	感受多媒材绘画。超轻黏土制作:快餐美食、植物花卉、糖堆儿、火锅及食材。	用线描装饰器皿,青花瓷盘瓶,趣味纸袋装饰。
	下学期	童眼看世界	生活中艺术的发现	用超轻黏土、无纺布、牛皮纸、毛线、麻绳、羽毛等等废旧材料创作故事小绘本。	多媒材故事绘本创作。
三年级	上学期	笔墨纸砚话童声	擦亮生活	汉隶与《曹全碑》简介;初识传统国画表现生活。	《曹全碑》壁画的特点与应用。
	下学期	焦浓重淡抒胸臆	点亮生活	学习《曹全碑》部首、结构方法、特点、形式、格式、规律创作。	在广泛的情境中认识国画的特征。

(续表)

年级	学期	灵性社团课程			
		表现形式	欣赏认知	合作探究	综合实践
四年级	上学期	初入漫画之门	走进艺术	Q版卡通动漫人物身材比例、五官、中外卡通动漫人物特点的表现方法。	利用超轻黏土制作动漫人物；设计一个动漫卡通人物。
	下学期	漫游绘画之境	感悟生活	动漫人物绘画练习；进阶版动漫人物的学习。	利用多种材料联想创作出一幅动漫人物；中外动漫赏。
五年级	上学期	寻梦敦煌	技艺继承	探索敦煌壁画（与线描结合，了解天然颜料与配色、壁画背后的故事，融合于绘画当中）。	《鹿王本生》长卷再现。
	下学期	寻梦敦煌	感受传统	认识石窟塑像（感受体态、神态）。认识石窟塑像（运用黏土捏出人物外形）。	把敦煌的纹样和色彩运用到服饰、用品、文具中。
六年级	上学期	设计在线	物以致用	POP招贴 实用美术	吉祥物设计大赛
	下学期	手机摄影	美化生活	最美校园摄影展 最美的身影	毕业献礼作品展——留给母校的礼物

（二）"灵性社团"的评价要求

我们采用多样的实施策略和多维的评价方式，力求为儿童提供丰富的学习体验，为了促进"灵性社团"的良好发展，美术教研组制定了详细的"灵性社团"评价标准（见表6-6）。

表6-6 "灵性社团"儿童活动评价表

评价项目		评价标准	分值	得分
活动前	组织机构	1. 建立完整的组织结构,协调好各项工作的开展,同时对阶段性工作给予指导和监督。	5	
		2. 充足的教师资源,各个社团有1—2名美术教师指导儿童社团活动。	5	
	管理机制	1. 制定严格的社团规章制度,形成科学有效的团员招收机制,规范社团成员管理,实行签到制度,按时参加社团活动。	5	
		2. 社团课程规划科学、合理,社团活动场所、美术器材有严格使用制度且贯彻良好。	5	
		3. 社团指导教师及时到位,做好每次活动记录。学期末要全面对儿童作出评价。	5	
活动中	社团活动和参与	1. 各社团活动前有计划,活动后有记录,社团活动过程性资料详实,学期末有总结。	10	
		2. 活动目标明确,活动主题积极健康,内容丰富,形式生动且具有创新性,活动过程有序展开。	10	
		3. 活动充分体现社团特色,有创意,充分发挥儿童的主体性和创造性,在活动中凸显儿童的个性发展。	10	
		4. 活动期间,社员参与热情度高,参与面广,满意度高。	10	
活动后	宣传	社团要办出特色,活跃校园文化生活,通过各种渠道宣传学校的社团活动。	10	
	成果展示	1. 给予社团展示成果的机会,学校定期组织各类美术比赛,鼓励儿童积极参加。	10	
		2. 达到预期教学目标,形成有特色有创新的学习成果,积极主动参加校内、外交流展示以及各项赛事。	15	
总评				

四、开展"灵性艺术节",挖掘文化之美

校内开展艺术节不仅能够发现、发掘和推出优秀的青少年人才,还能够让学

生参与其中,沉浸式地感受校园艺术,提高学生的审美情趣,培养学生的艺术创新能力和实践能力,丰富校园文化,优化育人环境。六一儿童节前夕开展东关小学校园艺术节,展现小学生热爱祖国、热爱人民、热爱生活的精神风貌和努力学习、勤于探索、敢于创新的青春风采。内容上紧扣时代脉搏,弘扬中华民族优秀文化,开展具有时代特征、黄河文化、校园特色、学生特点的艺术活动。

(一)"灵性艺术节"的活动设计

依据《义务教育艺术课程标准(2022年版)》,利用我国传统重要节庆日、纪念日、少先队及共青团活动日、校园文化艺术节等开展艺术作品展示。增强艺术学习的广度、深度和强度。了解传统文化,体验传统民俗活动,品味中国传统文化的隽永与璀璨,增长见识的同时,感受从前人们的生活方式,思考生活方式变化的原因,让孩子学会发现问题、分析问题;动手制作民俗手工艺品,让孩子了解传统文化的同时,增强动手实践能力和生存能力。以传统节日文化为载体,培养儿童的审美意识与动手实践能力是"灵性艺术节"主题活动的重要组成部分。

每个传统节日都少不了充满特色的民俗活动,使人们在快乐中感受着节日的气氛。教师根据每个节日的特点,围绕节日主题,结合儿童的年龄特征和知识水平,精心设计实践活动,让儿童在参与中获得体验,增长知识,丰富情感,养成品德。

1. 传统节日和美术课程相遇

我们根据教材内容和节日安排调整教学内容。如在讲授三年级的课程《端午节》时,我们通过粽香飘溢的餐桌,香包满目的街头,龙舟竞渡的鼓乐,让儿童了解以独特方式过端午节纪念屈原的由来;四年级的课程《跟奶奶学手艺》中,欣赏中国民间剪纸作品的同时,融入春节贴窗花这一风俗,引导儿童了解民间美术创作与节日的关系;四年级的课程《春节到》从不同方面使儿童了解春节的历史、文化、习俗,加深儿童对传统文化的了解,体验过春节的气氛,来培养儿童热爱生活的情感。

2. 创立校本特色节日

在"灵性艺术节"活动中,我们结合各种不同的传统节日,立足于当地的节日风俗,开展了丰富多彩的美术活动。清明节有放风筝、踏青等习俗,所以我们根据儿童的年龄特点,为高年级设计了难度较高的"放飞风筝,放飞理想"大赛,中低年级端午节有画龙舟、吃粽子、做香包等节日活动,我们设计了"巧手画龙舟"包粽子比赛、"香气萦绕"香包制作比赛。儿童积极参与,既了解欣赏了民间艺术,又学习体会到了香包、龙舟的寓意。母亲节前夕我们开展了"我给妈妈做发卡"比赛,中秋节举办了"庆中秋——品茗赏花诗词会"等活动,让儿童了解"中秋"的由来、风俗、名诗、文章等知识。春节前开展了"春联、窗花进万家""节日的鲜花""精美的杯垫"等一系列的美术活动。

"灵性艺术节"除了注重儿童的参与,还需要做到"五结合":与儿童年龄特点、儿童的兴趣爱好、儿童的情感、节日的特点、美术课堂相结合。在各项活动的开展中,要充分调动儿童挖掘传统节日的积极性,使传统节日的光彩在美术课堂中慢慢绽放。

(二)"灵性艺术节"的评价要求

为让"灵性艺术节"主题活动开展常态化且具有持续的新鲜感,节日活动评价方式的探索也尤其重要,我们从学习态度、学习过程、协作能力、学习收获、综合评价等方面进行评价,以儿童为主体,引导儿童设计评价方案,参与评选(见表6-7)。

表6-7 "灵性艺术节"主题活动儿童发展评价量表

评价项目	评 价 标 准	评价等级		
		优秀	良好	一般
学习态度	能够积极参与对主题活动的了解,以美术语言、多种形式进行创作并深入探究。			
学习过程	认真观察、发掘、记录与整理,有独特的想法与创意表现。			
协作能力	能与同伴合理分工、积极协作,共同分享并完成创作。			
学习收获	活动成果呈现形式多样、美观、新颖、有童趣。			
综合评价				

五、创设"灵性嘉年华",彰显艺术个性

开展"灵性嘉年华"活动,这是艺术的盛宴,视觉的狂欢,是展现儿童个性的舞台。所有单一的艺术表现形式都在这个整体活动中,通过互动衍生出无穷的艺术形式,演绎出与每一个儿童生活相连的综合艺术。

(一)"灵性嘉年华"的内涵与实施

这是一场高品质的大型互动儿童作品展,一场艺术与灵感碰撞的展艺嘉年

华,发挥儿童的创意和想象,使每个孩子都能从星罗棋布的艺术作品中汲取精华,感受艺术作品灵魂的延展。"灵性嘉年华"形式分为静态和动态展示。

1. 静态展示主要以美术作品展为主

结合学校特色和校园文化,组织各班成员积极参与美术主题创作,展出作品力求新颖、别致,且具有一定的审美价值。展出的作品涉及到儿童画、动漫、素描、水粉、水彩、国画、书法、版画、篆刻、手工等多种形式,要求构图各异、风格不同、画路广阔、品类齐全,与音乐、戏曲、舞蹈、体育相结合,例如手绘团扇,用中国画形式表现戏曲进校园活动,把版画作品印制成书签、藏书票。用丙烯美化T恤、包和鞋子等,充分激发儿童的创意,展示我校儿童的艺术才华。儿童的作品充分地体现丰富的想象力、创造力和时代感,创意新颖,形式多样。美术作业展示地点安排在教室走廊、美术专业教室、学校校园,在展示的同时,让更多的儿童认识形式各异的美,让校园里美术的氛围变得浓郁,并充盈着每个角落。

2. 动态展示以场馆互动活动为主

表演内容分手工制作区和各种绘画区,每个艺术社团选出五位优秀学员进行现场表演,有美术课程教师辅导,五位优秀社团成员分工,有现场解说和现场绘画、制作、表演,解说员讲解本社团的经验和表演的绘制过程,邀请参观同学进行游戏互动。如:现场比拼水果拼盘制作;绘制形态各异的京剧脸谱、团扇;手工(轻泥、面塑)制作竞赛、服装表演等等,互动优胜者可获得积分奖励,换取榜样星,十颗榜样星可到大队部换一本课外书作为奖励。

(二)"灵性嘉年华"的评价要求

"灵性嘉年华"从对活动感兴趣,能积极主动参与,能感觉作品色彩、造型美,理解作品体现的主题,能创作出富有创意的作品,能表述自己的展示效果等几个方面进行评价(见表6-8)。

表6-8 "灵性嘉年华"的评价量表

项目 \ 主体	自评	师评	校评
对活动感兴趣,能积极主动参与			
能感觉作品色彩、造型美,理解作品体现的主题			

(续表)

主体 项目	自评	师评	校评
能创作出富有创意的作品			
能表述自己的展示效果			

综上所述,"灵性美术"课程以认知为线、技法为点,采用实用性与趣味性相结合的方式,让孩子在课程中自我开发、自我创意,开发巨大的潜在智力,给孩子们一个多姿多彩的童年生活。

(撰稿者:郭良杰 胡燕 张越 周凯 黄帅华)

后记

时光如白驹过隙，郑州市管城回族区品质课程项目自2019年启动以来，至今已经两年有余。在这两年多的时间里，在管城区教育局的领导下，在上海市教育科学研究院杨四耕教授的悉心指导下，各实验学校认真梳理学校教育哲学，详细谋划学校课程规划，基于学校办学目标，在遵循儿童发展规律的基础上开展学科课程群建设研究。各实验学校的课程团队充分研读课程哲学、厘定办学目标、研讨课程框架、制定课程内容、着重课程实施与评价，形成了一系列有代表性的学科课程群。正是在大家的齐心协力下，我们才有了现在的成果，在此，我们对每一位为这本书付出努力的人表示衷心的感谢！

本书以"教室里的课程"为题，围绕教室里应有的课程生态进行了探讨，我们认为教室既是一个物理空间，同时也是教师与儿童实现互动的社会空间，教室对课程的创生具有积极影响。在我们看来，教室为儿童提供了学习的场所，同时儿童在教室实现增能，双方互动促进课程的创造生成。基于此，本书从各实验学校制定的学科课程群中遴选了"艺趣美术""灵动英语""尚思数学""唯美音乐""灵性美术""悦动体育"六个学科课程群。这六个课程群均体现了教室在课程创生中的积极作用，更好说明了教室既是儿童的学习空间和赋能空间，同时也是儿童的审美建构空间和身体经验空间。

儿童是鲜活的个体，他们灵动、活泼、充满朝气，课程的开发建设也要符合儿童的生长需要，课程之路虽漫长，但是研修一直在路上，无论时代怎样改变，教育人的初心不变，教育者的目标不变。我们期待每一间教室里的课程都能基于儿童立场，从儿童身心发展出发，我们也期待每一间教室里的生命都能自然生长，每一个梦想都得以绽放！

"品质课程"阅读书目

学校整体课程规划	978-7-5760-0423-6	48.00	2022年1月
学校整体课程规划的七个关键	978-7-5760-0424-3	62.00	2021年3月
教学诠释学	978-7-5760-0394-9	42.00	2020年9月

特色学校聚焦丛书

让个性自然发荣滋长:"引发教育"的理论寻源与实践探索	978-7-5760-2600-9	38.00	2022年3月
面向每一个生命的教育	978-7-5760-2623-8	44.00	2022年8月
让每一个生命澄澈明亮:"小水滴"课程的旨趣与创意	978-7-5760-2601-6	54.00	2022年8月
新劳动教育:时代意蕴与实践创新	978-7-5760-3702-9	58.00	2023年3月

跨学科课程丛书

| 像博士一样探究:PHD课程的创意与探索 | 978-7-5760-3213-0 | 52.00 | 2023年2月 |

核心素养导向的课堂教学丛书

深度教学的内在维度:数学反思性学习的六个策略	978-7-5760-2590-3	36.00	2022年3月
具身学习的18种实践范式	978-7-5760-2591-0	38.00	2022年6月
课堂是照亮彼此的地方	978-7-5760-2621-4	46.00	2022年7月
以学习为中心的课堂范型	978-7-5760-2622-1	42.00	2022年8月
简练语文:教学主张与实践智慧	978-7-5760-2681-8	56.00	2022年9月
课堂核心素养	978-7-5760-3700-5	48.00	2023年3月

特色课程建设丛书

| 幼儿园特色课程的框架与实施 | 978-7-5760-2598-9 | 48.00 | 2022年3月 |
| 课程是鲜活的:"大视野课程"的旨趣与活性 | 978-7-5760-2599-6 | 42.00 | 2022年7月 |

指向核心素养培育的学校课程图谱	978-7-5760-2624-5	42.00	2022 年 7 月
让儿童生活在美的世界里：幼儿园全景美育的课程探索			
	978-7-5760-3552-0	44.00	2023 年 2 月
核心素养与学习需求：学校课程建设导引	978-7-5760-3848-4	52.00	2023 年 6 月

课堂教学新样态丛书

课堂，与美最近的距离：基于学科核心素养的课堂教学变革			
	978-7-5675-7486-1	38.00	2022 年 4 月
协同教学：意蕴与智慧	978-7-5675-8163-0	48.00	2022 年 4 月
决胜课堂 28 招	978-7-5760-2625-2	52.00	2022 年 4 月
一百个孩子，一百个世界：基于差异的教学变革			
	978-7-5675-6754-2	42.00	2022 年 11 月
课堂如诗："雅美课堂"的姿态	978-7-5675-7219-5	42.00	2022 年 11 月
在教室里眺望世界：基于 BYOD 的教学方式变革			
	978-7-5675-8247-7	52.00	2022 年 11 月
课堂教学的资源设计与方式变革	978-7-5760-3620-6	52.00	2023 年 2 月

学校课程变革新取向丛书

平衡性变革：学校课程建设新取向	978-7-5760-3746-3	52.00	2023 年 5 月

课程育人新坐标丛书

学校课程的统整之道	978-7-5760-3845-3	56.00	2023 年 5 月
教室里的课程	978-7-5760-3843-9	38.00	2023 年 6 月